中国印象

丛书主编　张玉金

汉字与审美

杨爱姣　著

暨南大學出版社
JINAN UNIVERSITY PRESS

中国·广州

图书在版编目（CIP）数据

汉字与审美/杨爱姣著. —广州：暨南大学出版社，2015.7
（2019.6 重印）
（汉字中国）
ISBN 978 - 7 - 5668 - 1362 - 6

Ⅰ.①汉…　Ⅱ.①杨…　Ⅲ.①汉字—美学—研究　Ⅳ.①H12

中国版本图书馆 CIP 数据核字（2015）第 046758 号

汉字与审美
HANZI YU SHENMEI
著　者：杨爱姣

出 版 人：徐义雄
策划编辑：杜小陆　刘　晶
责任编辑：陈丽娟　柳　煦
责任校对：李林达
责任印制：汤慧君　周一丹

出版发行：暨南大学出版社（510630）
电　　话：总编室（8620）85221601
　　　　　营销部（8620）85225284　85228291　85228292（邮购）
传　　真：（8620）85221583（办公室）　85223774（营销部）
网　　址：http：//www. jnupress. com
排　　版：广州良弓广告有限公司
印　　刷：佛山市浩文彩色印刷有限公司
开　　本：850mm × 1168mm　1/32
印　　张：5. 625
字　　数：115 千
版　　次：2015 年 7 月第 1 版
印　　次：2019 年 6 月第 2 次
定　　价：26. 80 元

总　序

当人类从野蛮跨入文明，一些民族发明并使用了文字。如巴比伦人的楔形文字、埃及人的象形文字、玛雅人的图形文字等。我们的先人，同样也发明并使用了象形文字。

然而到了今天，其他几种古老的文字体系都消亡了，只有我们的汉字至今还存活着，并呈现出勃勃的生机。在可以预见的将来，它都不太可能被废弃。这是为什么？

传说汉字是四目的仓颉所造的。他创造文字之后，“天雨粟，鬼夜哭”，真是惊天地、泣鬼神的壮举。即使在今天，还有人把汉字的创造看成是中国人的第五大发明。的确，汉字对中华民族的贡献，怎样评价都不过分。

汉字具有超时代性，使我们后人很容易继承先人所创造的伟大文明。中华民族生生不息，中华文明薪火相传，绵延不绝。汉字居功至伟。

汉字具有超地域性，使得居于不同地域、操不同方言的人们能顺利交流，维系着我们国家的统一和民族的团结。汉字功不可没……

汉字身上，蕴藏着无穷无尽的奥秘，等待着我们去探究。

然而以往对汉字的研究，多是就汉字研究汉字，如研究汉字的本义和形体结构，探究汉字的起源、发展、结构等。有时就汉语研究汉字，探讨汉字与汉语的关系。

近些年来，一些学者开始研究汉字自身所具有的文化意义，探讨汉字与中国文化的关系。

但是，到目前为止还没有人从中国文化生态系统的角度来研究汉字。本丛书就是从中国文化生态系统的角度来研究汉字的。

所谓中国文化生态系统是指由影响中国文化产生和发展的自然环境、科学技术、经济体制、社会组织及价值观念等变量构成的完整体系。人类的活动是社会的主体，人类的文化创造可以划分为科学技术、经济体制、社会组织及价值观念等四个层次，这些因素构成文化生态系统的结构模式。与自然环境最近、最直接的是科学技术一类智能文化；其次是经济体制、社会组织一类规范文化；最远是价值观念。对人类的社会化影响最近、最直接的是价值观念；其次是社会组织、经济体制；最远的是自然环境，它对人类社会化的影响是通过经济体制、社会组织及价值观念等中间变项来实现的。

汉字是一种文化现象，所以可以从中国文化生态系统角度来研究汉字。把汉字与中国文化生态系统联系起来，考察汉字所赖以产生的整个文化生态系统及其对汉字的影响，考察汉字中蕴涵的中国社会结构、经济土壤、文化系统和自然环境等各方面的信息。

本丛书的创新点，不是仅就汉字论汉字、仅就汉语论汉字，也不是仅就中国文化来论汉字，而是联系它所赖以产生的整个文化生态系统，从而达到对汉字的更为深入全面的剖析。

本丛书从汉字与人、汉字与社会、汉字与经济、汉字与文化、汉字与自然等五个大的角度来研究汉字，共提出39个研究子课题，每个子课题都写成一本小书。这些子课题如下：

一、人：汉字与人体。

二、社会：汉字与婚姻家庭、汉字与宗法、汉字与职官、汉字与战争、汉字与汉语。

三、经济：汉字与农业、汉字与渔猎、汉字与手工业、汉字与贸易。

四、文化：

（一）物质文化：汉字与饮食、汉字与服饰、汉字与建筑、汉字与交通、汉字与玉石、汉字与文房四宝。

（二）制度文化：汉字与刑法、汉字与度量衡。

（三）精神文化：汉字与乐舞、汉字与书法艺术、汉字与神话、汉字与对联、汉字与数目、汉字与医疗、汉字与色彩、汉字与经典。

（四）心理文化：汉字与民俗、汉字与姓名、汉字与避讳、汉字与测字、汉字与字谜、汉字与宗教、汉字与道德、汉字与审美、汉字与思维。

五、自然：汉字与植物、汉字与动物、汉字与地理、汉字与天文。

本丛书的读者对象是具有高中及以上学历的学生和一般国人，也包括学习汉语汉字的海外华人、外国学生和一般外国人。

全面揭示汉字所蕴涵的中国文化生态系统信息，可以让普通民众和大中学生对我们天天使用的汉字有更为深入的了解，有利于提高基础教育和高等教育的水平，有利于提高中华民族的科学文化水平；还可以让学习汉语的外国学生和一般外国人对汉字及其背后的文化生态系统，特别是两者的关联有更多的了解，这有利于汉字汉语汉文化走向世界。

张玉金

2014. 12

前　言

在文字产生之前，语言就已经存在，但声音随风飘逝，精神活动只能留存于简单的物质符号中，停留在结绳记事层面。在文字产生以后，精神活动的记录变得精细和复杂。作为一套历时性的话语体系，文字呈现、记载、表达着个体和族类的心灵世界、创造活动、日常经验。通过解读文字，我们可以复活已经消逝的世界，把握正在诞生的现实，展望尚未现身的未来。性别美学发展至今，有关女性与男性的审美标准已高度分化，其在应用层面上各自拥有一套指向清晰的“美”字系统。比如，在现代汉语里，“帅”、“俊”、“彦”、“英”等专指男性，“丽”、“姣”、“艳”、“惠”、“姝”、“淑”等专指女性，但该分化并非与生俱来、自古而然。本书拟以表现“美”的系列古汉字为佐证，从仪表美和品性美两方面来解读古代汉民族从先秦、汉代至魏晋审美观的变迁情况。

目　录

一、审美的起源与发展

美首先源于人、事、物的实用性。对于生产力落后的远古人及上古人来说，一切有利于生存的就是美的。柏拉图说："在各种情况下，我们判断天然的或人工制造的事物和人的行为方式的标准就是有用，凡有用的东西就是美的……"① 随着生产力的提高、生活条件的改善，人们的精神享受之需逐渐超越物质层面，开始追求感官的赏心悦目和精神世界的丰富多元。这种审美观反映到人的外表与内在，呈现出一定的发展轨迹。

（一）仪表美的起源、发展及相关汉字

越往前追溯，人类的生活就越是从属于直接的物质生产。在工具体系不发达的时代，人不得不直接以身体去获得生存资料。正因为如此，健壮者备受青睐，进而上升为审美的早期典范。据资料显示，先秦人以硕大为美，甲骨文中出现的"美"、"丽"、"姣"、"艳"、"硕"均有"大而美"之义，既指男人，也指女

---

① ［古希腊］柏拉图著，王晓朝译：《柏拉图全集》（第4卷），北京：人民出版社2003年版，第46页。

人。《诗经》中描绘的大多数男女都有形体高大的特点。朱自清《古诗歌笺释三种》中说："大人犹美人，女亦称硕。"《诗经·陈风·泽陂》反复称颂："有美一人，硕大且卷。……有美一人，硕大且俨。"该诗的赞美对象为一个高大强健之人。从《诗经》中大量的劳作之诗还可以看出，女性基本上都在辛苦劳作，如《关雎》、《卷耳》、《采蘩》等。"硕大"的身体确保女性拥有强大的体力与生育力。《庄子·列御寇》中的"美髯长大，壮丽勇敢"描述的是美男子应具备的条件。我们推测，基于生存竞争、种族繁衍的现实需求，高大、丰满、强壮、能生养的男女成为先秦的宠儿。这种"硕美"观与同时期其他民族的审美观不谋而合，在西方早期绘画和雕塑艺术中，裸体硕女比比皆是，个个高大健硕、丰满圆润。以大为美，这是先秦与后世的一个显著区别。

到了汉代，由于歌舞文化的兴盛、身体关怀意识的萌芽、地域相貌论和性别美的萌芽等诸多因素的影响，人们开始推崇女性柔美、男性大美。"美"、"丽"、"姣"、"艳"这些过去男女通指的符号，在汉代后期逐步发展到专指女性。人们描写男性美用"伟"、"肥"、"雅"等字，刻画女性美则用"靓"、"娟"、"姝"、"妙"、"娙"等字，性别之美在用字中有了差异体现。

三国时期的女子恪守汉代倡导的柔美，男人则崇尚阳刚美，"仪"、"风"、"姿"、"长"、"须"等字即是明证。两晋南北朝进入历史上的"唯美时期"，秀美的男人备受追捧，人们开始用

“秀”、“俊”等字形容男性，而女人美则又多了一份动感美。下面将具体阐释这三个阶段的审美。

1. 先秦的大美

从《诗经》、《左传》、《战国策》、《晏子春秋》等11部文献中，我们收集到与“美”有关的字有8个：“美”、“丽”、“好”、“姣”、“娈”、“艳”、“佳”、“娥”。这些字有一个共同含义：大而美。我们据此推测：该时期很可能男女皆以身体硕大为美。从人类学的角度考察，在刚从原始父系氏族社会进化而来的阶级社会里，一切旧道德都在社会巨变中接受着考验，男女地位也是这样。正如恩格斯在《家庭、私有制和国家的起源》中所指出的那样，最初的阶级压迫是和男性对女性的奴役同时发生的。男性负责生产劳动，女性负责养育后代。社会开始由处于高位的男性来决定审美的标准。李志宏先生说：“就与生存相关的需要来说，男性拥有最多最大的有利性资源，女性通常不拥有或只拥有很少的一点资源。这种情形使男性得到有利性的有力托举，可以依靠利害性的强化作用迅速在女性的认知结构中塑造出与自己相貌相对应的形式认知模式。”① 由于受男性“硕美观”的影响，男人对女人的审美标准相应锁定于以下指标：体型的健硕强壮、头部

① 李志宏著：《认知美学原理》，北京：光明日报出版社2011年版，第116页。

的硕大饱满、眼睛的明亮、皮肤的细腻等。而女性的性别特征美，如胸、腰、臀、足等部位的审美则未在当时的主流审美圈引起重视。《诗经·卫风·硕人》这样描绘了一个千古佳人："硕人其颀，衣锦褧衣。齐侯之子，卫侯之妻。东宫之妹，邢侯之姨，谭公维私。手如柔荑，肤如凝脂，领如蝤蛴，齿如瓠犀。螓首蛾眉，巧笑倩兮，美目盼兮。"该诗曾被清人姚际恒叹为"千古颂美人者无了其右，是为绝唱"。(《诗经通论》)诗歌开篇就赞颂美人身材的"硕"与"颀"，接下来细致入微地刻画美女的手、皮肤、脖子、五官（牙齿、眉毛、眼睛）等部位，但不涉及女子胸部、腰部等的性别特征。克里斯·希林曾说："由此观之，对于某些女性而言，身体成为一项规划的方式与其说是表达了她们的个体性，似乎更像是反映了男性的设计和幻想。""女人的美丽在很大程度上与大脑无关。即使与思想、精神、美德之类的大词建立联系，本质上也与她们自己无关，而是表征了他人灵魂的控制。"①

当时南方和北方对美人的看法不一。在北方，壮硕、能生养、性情温顺的女子备受青睐，娇小丰满、会打扮、能歌善舞的女子则是南国的宠儿。《楚辞·大招》中说："丰肉微骨，调以娱只。……嫮目宜笑，娥眉曼只。容则秀雅，稚朱颜只。……姱修

---

① [英] 克里斯·希林著，李康译：《身体与社会理论》，北京：北京大学出版社 2010 年版，第 8 页。

滂浩，丽以佳只。曾颊倚耳，曲眉规只。滂心绰态，姣丽施只。小腰秀颈，若鲜卑只。……粉白黛黑，施芳泽只。……青色直眉，美目婳只。靥辅奇牙，宜笑嗎只。丰肉微骨，体便娟只。……曼泽怡面，血气盛只。”南方美女精致小巧的柔美与北方美女“硕颀”的大美形成鲜明对照。首先是“丰肉微骨、小腰秀颈”的曲线美；其次是黛眉粉脸的妆容美，“粉白黛黑，施芳泽只。……青色直眉，美目婳只”，脸色涂得粉白，眉毛描得乌黑，该装扮后来盛行于汉代。可见，北方美女高大且高贵，有种健康大气的天然美；南方美女精致小巧、能歌善舞，散发出精雕细琢的艺术美。

宋玉在名作《登徒子好色赋》里着力凸显的即是女子身段和肤色的匀称美。他说：“东家之子，增之一分则太长，减之一分则太短；著粉则太白，施朱则太赤。”这种“匀称美”与同时代西方流行的比例美不谋而合，从某种层面上意味着南方的审美已进入更精细的阶段，这为汉代柔美观的形成奠定了基础。古希腊也是极其重视匀称之美的。亚里士多德曾说：“此外，无论是活的动物，还是任何由部分组成的整体，若要显得美，就必须符合以下两个条件，即不仅本体各部分的排列要适当，而且要有一定的、不是得之于偶然的体积，因为美取决于体积和顺序。因此，动物的个体太小了不美（在极短暂的观看瞬间里，该物的形象会变得模糊不清），太大了也不美（观看者不能将它一览而尽，故而看不到它的整体和全貌——假如观看一个长一千米的动物就会出现这种情况）。所以，就像躯体和动物应有一定长度一样——以能不费事地一览全貌为宜，情节也应有适当的长度——以能被不费事地记住为宜。”①

先秦男性美有“武”美和“文”美两种范式。武士结实强悍，虎虎生威，呈现出清新的天然美；文人内秀外儒，温文尔雅，具有教化之后的礼仪美。《庄子·列御寇》中说：“美髯长大，壮丽勇敢，八者俱过人也。”庄子所言其实是“武”美的条件，《诗经》里的“舞师”和“射手”颇具代表性。《诗经·邶风·简兮》中说：“简兮简兮，方将万舞。日之方中，在前上处。硕人俣俣，公庭万舞。有力如虎，执辔如组。左手执籥，右手秉翟。赫如渥赭，公言锡爵。”这首诗先写舞师武舞时的雄壮勇猛，突出他高大魁梧的身躯和威武健美的舞姿，然后描绘他文舞时的雍容优雅、风度翩翩。《诗经·齐风·猗嗟》中的美男子则是一位相貌、技艺俱佳的射手。原诗说：“猗嗟昌兮，颀而长兮。抑若扬兮，美目扬兮。巧趋跄兮，射则臧兮！猗嗟名兮，美目清兮，仪既成兮。终日射侯，不出正兮，展我甥兮！猗嗟娈兮，清扬婉兮。舞则选兮，射则贯兮。四矢反兮，以御乱兮！”这首诗描绘了射手健美颀长的身材、漂亮灵活的眼睛、帅气矫健的步伐与出类拔萃的射艺，展示“武”美。

① ［古希腊］亚里士多德著，陈中梅译注：《诗学》，北京：商务印书馆1996年版，第76页。

文人的美则是经过礼仪教化之后的人工美，它并不拘泥于具体的眉眼、身段，而是一种态度、气质、打扮，是反映在举手投足之间的整体美。《礼记·玉藻》说：“君子之容舒迟，见所尊者齐遬。足容重，手容恭，目容端，口容止，声容静，头容直，气容肃，立容德，色容庄，坐如尸，燕居告温温。凡祭，容貌颜色，如见所祭者。丧容累累，色容颠颠，视容瞿瞿梅梅，言容茧茧，戎容暨暨，言容詻詻，色容厉肃，视容清明。立容辨，卑毋谄，头颈必中。山立，时行，盛气颠实，扬休玉色。”“足容重”指脚步稳重，不要轻举妄动（在尊长面前快速通过时不受此限）；“手容恭”不是指慢腾腾地干活，而是指无事可做时，手要端庄地握住，不要乱动；“目容端”是指目不斜视，观察事物时要专注；“口容止”是要求在说话、饮食以外的时间，嘴不要乱动；“声容静”是指振作精神，不要发出打饱嗝或吐唾液的声音；“头容直”是要求昂首挺胸，不要东倚西靠；“气容肃”是指呼吸均匀，不发出粗声怪音；“立容德”是指不倚不靠，保持中立，表现出道德风范；“色容庄”是指气色庄重，面无倦意。孔子和屈原是当时知识分子的代表。孔子提倡大家做“君子”而不要成为“小人”。在服饰方面，孔子私下里不穿红色和紫色的衣服；夏天如果见外人，尽管很热，穿着“葛服”时也一定要在外面加上一件外衣；如果别家有人去世，他去吊丧的时候决不穿羔裘，也不戴玄冠；每到节日，一定穿正式朝服；凡遇是斋戒祭祀，一定要穿着布浴衣去洗澡。南方的文人则是另一种风貌，屈原在《离骚》中云："纷吾既有此内美兮，又重之以修能。扈江离与辟芷兮，纫秋兰以为佩。……余虽好修姱以鞿羁兮，謇朝谇而夕替。既替余以蕙纕兮，又申之以揽茝。亦余心之所善兮，虽九死其犹未悔。……制芰荷以为衣兮，集芙蓉以为裳……"这几句诗的大意是：我既被上天赋予这么多内在的美质啊，又注意修养自己的品性。我披着喷吐幽香的江离和白芷啊，又连缀起秋兰作为自己的佩巾。光阴似箭，我唯恐抓不住这飞逝的时光，让岁月来塑造我美好的心灵。清晨，我浴着晨曦去拔取坡上的木兰；傍晚，我背着夕阳在洲畔采摘宿莽来润德润身。诗人在诗中描述自己身披香草鲜花、气宇不凡的样子，颇有些唯美情结与浪漫心绪，表现出文人的美好气质。

2. 汉代的柔美

在倡导休养生息的汉初，人们开始富有人文情怀地关注人的肉身。男人以气质儒雅、外形雄健为美，女子以娇小阴柔为美。"美"、"丽"、"姣"、"艳"这些过去男女通指的字，在汉代以后逐步发展到专指女性。这一时期，形容男性美多用"伟"、"肥"、"奇"等字，而形容女性美则用"靓"、"娟"、"姝"、"妙"、"娙"等字。迥异的"美"字系列展示出不同性别丰富多彩的面貌。其中，对女性美的观念由先秦的"大美"演变为汉代的"柔美"，造成这种分化的主要原因有：

第一，崇尚歌舞的文化基础。汉文化即楚文化，楚汉不分家

（李泽厚语），楚文化崇尚歌舞、绚丽空灵的艺术气质深刻影响了该时期对身体的审美观。刘成纪说："楚文化用想象构建世界，将原本空旷无垠的空间世界用形形色色的神性身体塞满。"[①] 于是，经历过权力之争的血雨腥风的汉代帝王依然不失酷爱歌舞的癖好，几乎个个都是该活动的爱好者。汉高祖刘邦在众人面前击筑高唱《大风歌》之举在史上留下佳话。汉武帝的妃嫔们几乎人人都是因能歌善舞而得宠的，这也是不争的事实。仪平策、廖群在《中国审美文化史·先秦卷》中说："可以这样说，恐怕没有哪个时代会像汉代那样，勿论尊卑上下，不管四夷八方，几乎都在歌舞伎乐面前表现得如痴如醉，趋之若骛。"[②] 由此可以推测，身材高大的上古美人在汉代不再走红，而体态轻盈、能歌善舞的女子逐渐受宠于新时代。

第二，关怀肉身的伦理基础。与前代相比，身体在汉文化中得到空前的重视。《史记·孝文帝本纪》里记载：公元前167年，一个叫缇萦的女孩上书文帝，愿意沦为官婢来抵其父之肉刑。文帝大为感动，随后颁布了《除肉刑诏》。帝王的一念之善折射出统治者对人的肉身的某种关怀。儒家和道家更重视身体的完整性，汉初黄老之学倡导的自爱和爱人，就是对人的身体的完整性

① 刘成纪著：《形而下的不朽——汉代身体美学考论》，北京：人民出版社2007年版，第15页。

② 陈炎主编，仪平策、廖群著：《中国审美文化史·先秦卷》，济南：山东画报出版社2007年版，第226页。

加诸审美关怀的最切实的体现。后来盛行的“形神骨相说”更是进一步促使汉代人的审美观将“身”与“神”、“性”、“灵”自然合一、相互诠释。人们认为美好的精神道德总会在人的外观形式上寻求表现。东汉末年徐幹在其著作《中论·艺纪》中说：“君子者，表里称而本末度者也。故言貌称乎心志，艺能度乎德行，美在其中，而畅于四支。纯粹内实，光辉外著。”刘成纪也说：“与先秦相比，汉代思想家不擅长于抽象思考。其哲学的一个重要特点就是将先秦思想家视为不可诉诸名相的东西下降为具体可感的实指对象。比如，汉人通过对‘五行’的比附，推演出了由五脏、五体、五色、五味、五音、五嗅、五事组成的认知系统。”①

由于对肉身的关注，人们热衷于探讨面相与品格、命运的关系。汉代韩婴说：“温良在其中，则眉睫著之矣。”相骨术，即通过观看骨相来判断人的富贵、死生等问题。王符在《潜夫论·相列》中说：“人身体形貌，皆有象类，骨法角肉，各有分部，以著性命之期，显贵贱之表。”相术采用的是定性的综合规律观察方式，根据人的各种体征表现来确定人物的性格、命运。《孔子家语》载：“孔子观乎明堂，睹四门墉，有尧舜之容，桀纣之像，而各有善恶之状，兴废之诫焉。”孔子从古帝王画像中看出人的

---

① 刘成纪著：《形而下的不朽——汉代身体美学考论》，北京：人民出版社 2007 年版，第 19 页。

性格、善恶之状，即是相术在人物画中应用的实例。汉代王充在《论衡》中曰："人有寿夭之相，亦有贫富贵贱之法，俱见于体。故寿命修短皆禀于天，骨法善恶皆见于体。"相术的量化分析在人面部对应为"眼相三分，天庭三分，地角三分，耳鼻嘴等共一分"，并据此将人的自然形态特征进行类型化的形象归纳。据史料记载，骨相端庄是汉代宫廷选美的正统标准，《后汉书·卷十上·皇后纪第十上》记载："（刘秀）遣中大夫与掖庭丞及相工，于洛阳乡中阅视良家童女，年十三以上，二十以下，姿色端丽，合法相者，载还后宫，择视可否，乃用登御。"这段话的意思是：（刘秀）派遣中大夫和掖庭丞、相工在河南洛阳乡村挑选良家少女，看到年龄在十三岁以上、二十岁以下，容貌端正美丽，合乎法相标准的姑娘，就将她们带回后宫，以备皇帝宠幸之用。

第三，影响相貌的地域基础。俗话说"一方水土养一方人"，不同水土养育的人相貌千差万别。《淮南子·地形训》关于相貌的地域分析令人耳目一新："东方，川谷之所注，日月之所出，其人兑形小头，隆鼻大口，鸢肩企行，窍通于目，筋气属焉，苍色主肝，长大早知而不寿；其地宜麦，多虎豹。南方，阳气之所积，暑湿居之，其人修形兑上，大口决眦，窍通于耳，血脉属焉，赤色主心，早壮而夭；其地宜稻，多兕象。西方高土，川谷出焉，日月入焉，其人面末偻，修颈卬行，窍通于鼻，皮革属焉，白色主肺，勇敢不仁；其地宜黍，多旄犀。北方幽晦不明，天之所闭也，寒水之所积也，蛰虫之所伏也，其人翕形短颈，大肩下尻，窍通于阴，骨干属焉，黑色主肾，其人蠢愚，禽兽而寿；其地宜菽，多犬马。中央四达，风气之所通，雨露之所会也，其人大面短颐，美须恶肥，窍通于口，肤肉属焉，黄色主胃，慧圣而好治；其地宜禾，多牛羊及六畜。”这段话的意思是：东方是河流、溪水汇聚的地方，也是日月升起的方位；居住在那里的人体形尖细，高鼻子，大嘴巴，鹰肩耸起，走路踮着脚，身体的各个孔窍与眼睛相通，身上的筋络气血也连通眼睛；东方属青色，主管肝脏；那里的人身材高大、智力发育早熟但寿命不长；那里的土质适宜种麦，但虎豹很多。南方是阳气聚集和暑热潮气停留的地方，居住在那里的人形体修长，上部尖瘦，嘴大，眼眶深陷，身体的各个孔窍与耳相通，身上的血脉也连通耳道；南方属赤色，主管心脏；那里的人成熟得早但也短命；那里的土质适宜种稻，但犀牛、大象很多。西方是高原地带，是河流发源和太阳、月亮落下的地方，居住在那里的人脊背弯曲，脖子细长，走路昂着头，身体的各个孔窍与鼻相通，身上的皮肤也连通鼻腔；西方属白色，主管肺；那里的人勇敢但不仁慈；那里的土质适宜种黍子，但旄牛、犀牛很多。北方幽暗不明，是天地闭合、寒冰积聚、动物蛰藏的地方；那里的人体形短缩，脖子短，肩膀宽而臀部下垂，身体的各个孔窍与阴部相通，骨骼的发育也与阴部功能相关；北方属黑色，主管肾脏；那里的人愚笨但长寿；那里的土质适宜种豆类，但狗和马很多。中部地区四通八达，是风云流通、雨露汇聚的好地方；居住在那里的人脸大，腮帮短，须髯美丽，但过于肥胖，身体的各个孔窍与口腔相通，皮肤、肌肉的发育与口腔相通；中部属黄色，主管胃，人智慧圣明而喜好管理；该地适宜种水稻，牛、羊、六畜很多。虽然这些说法的科学性有待考证，但给审美观的研究提供了一个全新的视角，展示了汉代人开阔、睿智、细腻的审美眼光。

第四，男女有别的生理基础。汉代人的性别意识更为强烈，对两性差异之美有了更细致的区分，这催生了性别美学的萌芽。如前文所提及的，“丽”、“姣”、“艳”等字在先秦男女通指，在汉代以后则专指女性。男性美与女性美的标准精细地分化开来。“伟”、“奇”、“轩”等特指美男子，“靓”、“娟”、“姝”、“妙”、“姪”等专指美女，迥异的“美”字系列汉字展示出性别的差异之美。

3. 魏晋的秀美

三国时期的女人秉承汉代的阴柔美，男人则崇尚阳刚美。魏晋南北朝时期，审美之风翩然一转，进入历史上独特的“唯美时期”——男人以弱不禁风为美。我们甚至可以这样对比：先秦是以男人美的标准来审视女人，以女人的男人气为美；两晋则是以女人美的尺度来评价男人，男人的女人味越重便越吃香。中国社会科学院文学研究所研究员蒋寅在接受《中国新闻周刊》采访时指出，魏晋南北朝时期的男性过于注重外貌，衣着华丽光鲜，甚至有女性化的倾向，是历史上的一段特殊时期。他们衣着考究，出门化妆，以身材颀长、形象超脱、姿态超然为美，男人重视形象美的风气深刻影响到后世，如唐朝时选官的标准之一就是要仪表堂堂。当然，贵族阶层、文人雅士在追求内在美的同时，仍然注重自己的仪表修饰和外在气质，蒋寅认为，这与中国古代的儒家文化崇尚男子性格的刚毅之气并不矛盾。

（1）女性美。

从魏晋时期开始，女性之美开始获得独立的价值，日益被主流社会所欣赏和珍视。有人甚至认为，女性的社会价值主要是贡献了美。与美相比，其道德属性处于次要地位。荀粲曾说："妇女德不足称，当以色为主。"在这种美、德分立说的鼓舞下，女性开始走向对于美的自觉的追求。曹植的《洛神赋》塑造了一个梦幻中的绝色美女，其对于"洛神"之美是这样描绘的："余告之曰：其形也，翩若惊鸿，婉若游龙，荣曜秋菊，华茂春松。仿佛兮若轻云之蔽月，飘飖兮若流风之回雪。远而望之，皎若太阳升朝霞；迫而察之，灼若芙蕖出渌波。秾纤得衷，修短合度。肩若削成，腰如约素。延颈秀项，皓质呈露。芳泽无加，铅华弗御。云髻峨峨，修眉联娟。丹唇外朗，皓齿内鲜。明眸善睐，靥辅承权。……微幽兰之芳蔼兮，步踟蹰于山隅。……左倚采旄，右荫桂旗。攘皓腕于神浒兮，采湍濑之玄芝。"据说"洛神"是以现实中的甄妃为原型，加上诗人的想象虚构而成的。她负载了当时贵族青年对美的全部追求与梦想。具体说来，这首诗从以下多个角度刻画了女性的美：① 静态美与动态美。体态灵动轻盈，如："翩若惊鸿，婉若游龙，荣曜秋菊，华茂春松。仿佛兮若轻云之蔽月，飘飖兮若流风之回雪。""左倚采旄，右荫桂旗。攘皓腕于神浒兮，采湍濑之玄芝。"② 远观美与近察美。如："远而望之，皎若太阳升朝霞；迫而察之，灼若芙蕖出渌波。"③ 曲线美与匀称美。如："秾纤得衷，修短合度。肩若削成，腰如约素。"④ 天然美与姿态美。如："延颈秀项，皓质呈露。芳泽无加，铅华弗御。"⑤ 视觉美与嗅觉美。如："云髻峨峨，修眉联娟。丹唇外朗，皓齿内鲜。明眸善睐，靥辅承权。""微幽兰之芳蔼兮，步踟蹰于山隅。"多角度、多层次的美感让人心旷神怡。

到了两晋，能歌善舞的动感美成为美女的特质之一。陆机的《日出东南隅行》是代表作："扶桑升朝晖，照此高台端。高台多妖丽，浚房出清颜。淑貌耀皎日，惠心清且闲。美目扬玉泽，峨（蛾）眉象翠翰。鲜肤一何润，秀色若可餐。窈窕多容仪，婉媚巧笑言……冶容不足咏，春游良可叹。"这一时期描绘女性美的代表字有"妖"、"妍"、"冶"、"芳"、"绰"、"鲜"、"润"、"素"等。

（2）男性美。

陈寿的《三国志》呈现的是一场英雄加美男的盛宴。据统计，《三国志》里的正面人物，百分之八十以上是美男子，身材高大、面容清俊、神采飘逸、举止风流是其共性。文字方面以"仪"、"风"、"姿"、"雄"、"魁"、"长"、"须"等字为代表。

前面提及，魏晋时代的男人以柔弱、清雅为美。蒋来用、高莉在《美学的故事》一书中说："当时的玄学士又大多是名士。他们以出身门第、容貌仪止和虚无玄远的'清谈'相标榜，成为一时风气，即所谓玄风。"① 于是他们剃须、敷粉、熏香，穿女人的衣服，喜步态轻盈，这些女性化的审美凸显出魏晋时期的男性对阴柔美的崇尚。晋朝人觉得男子如果慵软无力，就能平添三分优美，"弱不胜衣"并非为女子所独擅，它也是男子的美德。西方哲学家尼采说："健康或病态：这个问题人们可要当心！其标准仍旧是肉体的欣欣向荣，是跃升之力、勇气和精神的快活——不过，当然要看他能从病态事物中摄取多少东西和能够克服多少东西——能够康复多少东西。弱者因之灭亡的东西，乃是伟大健康的兴奋剂。"② 《世说新语》有一篇《容止》，专门写美男子："潘岳妙有姿容，好神情。少时挟弹出洛阳道，妇人遇者，莫不连手共萦之。"《晋书·潘岳传》中也说："岳，美姿仪。"明代文学家张岱缀辑的《夜航船》一书中亦记载了两个丑才子的小故事：他们一个叫张载，是名重一时的文学家，然而，他"甚丑，每行，小儿以瓦石掷之"；另一个叫左思，"左太冲（左思，字太冲）绝丑，亦复效岳游遨，于是群妪齐共乱唾之"，结果"委顿而返"。由此可见人们对美男子的追捧。晋代男子的阴柔美与当

① 蒋来用、高莉编著：《美学的故事》，北京：国际文化出版公司2007年版，第66页。

② ［德］尼采著，张念东、凌素心译：《权力意志——重估一切价值的尝试》，北京：商务印书馆1991年版，第208页。

时男风盛行有关。《逸周书》中有“美男破老，美女破舌，淫图破国，淫巧破时，淫乐破正，淫言破义，武之毁也”的说法。“秀”、“玉”、“卓”、“白”、“俊”、“爽”、“香”、“广”、“高”等字成为该时期男性崇尚阴柔之美的证明。

（二）品性美的起源、发展及相关汉字

与仪表美相比较，古人更看重品性美。唐君毅说：“宇宙最大美，莫若人格美。”① 张艳艳说：“美是物之为物的具体呈现，在道家，美是自然自在的生命本真流露；在儒家，美是德性自内而外的显发。”② 有关尧舜禹的诸多传说，均强调“品性与能力”是蛮荒时代杰出领袖的必备素质，商周时代亦如此。《诗经·国风·郑风·羔裘》反复咏叹道：“羔裘如濡，洵直且侯。彼其之子，舍命不渝。羔裘豹饰，孔武有力。彼其之子，邦之司直。羔裘晏兮，三英粲兮。彼其之子，邦之彦兮。”这首诗的意思是：羔羊皮袍像油一样光润，他的为人既正直又美好。他是这样的一个人啊，豁出生命也要保持节操。羔羊皮袍的袖口装饰着豹皮，他的为人既威武又有毅力。他是这样的一个人啊，能够主持国家的司直正义。羔羊皮袍既光洁又鲜艳，用三张豹皮装饰得真漂

---

① 唐君毅著：《心物与人生》，台北：台湾学生书局 1984 年版，第 248 页。

② 张艳艳著：《先秦儒道身体观与其美学意义考察》，上海：上海古籍出版社 2007 年版，第 148 页。

亮。他是这样的一个人啊，称得上是国家的真贤良。该诗通过对衣着、皮袍的描写，赞美了一位正直勇敢、宁死不屈、不渝操守的官员。李大华先生说："德性的问题在周王朝取代殷商王朝之始，就成为人们共同的关注，这是在'上帝'作用弱化的情形下引发的：周王朝上层都觉得自己政权合法性的基础一半在上帝，一半在自己德性的积攒，于是有'皇天无亲，惟德是辅'的说法。"①

荀子在《荀子·非相》里指出：面相美靠不住，品性美才是真正的美。他说："古者桀、纣长巨姣美，天下之杰也；筋力越劲，百人之敌也。然而身死国亡，为天下大僇，后世言恶则必稽焉。是非容貌之患也，闻见之不众，论议之卑尔。今世俗之乱君，乡曲之儇子，莫不美丽姚冶，奇衣妇饰，血气态度拟于女子；妇人莫不愿得以为夫，处女莫不愿得以为士，弃其亲家而欲奔之者，比肩并起。然而中君羞以为臣，中父羞以为子，中兄羞以为弟，中人羞以为友，俄则束乎有司而戮乎大市，莫不呼天啼哭，苦伤其今而后悔其始。是非容貌之患也，闻见之不众，论议之卑尔。然则从者将孰可也？"荀子以大量的实例，气势磅礴地证明"德"、"能"的价值：有貌无德者，祸国殃民，终究遗臭万年，被世人唾弃，如桀、纣之流；无貌有德者，外丑内美，流芳百世，如徐偃王、孔子、周公等。这同时也证明了相面术的

① 李大华：《论庄子关于"道德"的思想》，《哲学研究》2013 年第 8 期，第 35 页。

虚妄。

周代的“美育”培养了符合礼仪、文质彬彬的君子。孔子之所以成为一代宗师，正是因为其品质出众。《论语·学而》则将其具体落实到细节上：“夫子温、良、恭、俭、让以得之。”意为孔子有温和、善良、恭敬、节俭、谦让的品德。《礼记·冠义》：“凡人之所以为人者，礼义也。礼义之始在于正容体、齐颜色、顺辞令……故冠而后服备，服备而后容体正、颜色齐、辞令顺……已冠而字之，成人之道也。”意思是：首先要做到举动端正、态度端正、言谈恭顺，行了冠礼之后由长者取一个字，才真正成人了。

品性美源于心灵的洁净和丰盈，同时体现在行动中。它是发自于内心而又体现为外在的行为。孟子认为，美的德行会主动在人的外形上表现出来，他说：“君子所性，仁义礼智根于心，其生色也，睟然见于面，盎于背，施于四体，四体不言而喻。”意谓仁义礼智植根于心，它生发出来的神色，清和润泽地表现在颜面上，显露在肩背上，散布到手足四肢当中。

先秦男性的品性美分为统治阶级的品性美与被统治阶级的品性美两类。在男权社会中，男性要修身、齐家、治国、平天下，甚至要实现立功、立德、立言“三不朽”。与“主内”的女性相比，他们更需要表现出外在的力量。由于男性分布于不同的等级中，相应的美德标准也各不相同。如果说被统治者的美德是服从，那么，统治者则要时刻展示威严和力量。落实到语言层面，我们可以从字词的分化轨迹中发现身体美学的成形规律。周代统治者的美育，很大程度上是从培养“威仪”、“令仪”出发的，“威”、“赫”、“强”、“令”、“皇”、“直”、“仁”、“宽”、“容”、“恭”、“敬”、“英”、“特”、“彦”、“娴”、“懿”即为代表字。被统治阶级最重要的品质是服从，它通过“温”、“良”、“顺”、“从”、“恭”、“敬”、“和”、“善”、“力”、“勇”、“武”等字体现出来。

汉代男人以外形威武、举止儒雅、品性纯良为美，女人以神情温和、庄重，性情贞洁、柔和、恭敬、勤俭为美。西汉思想家韩婴的《韩诗外传》卷八描述了人们理想中的统治者，他说：“夫贤君之治也：温良而和，宽容而爱，刑清而省，喜赏而恶罚。……黎庶欢乐衍盈，方外远人归义，重译执贽，故得风雨不烈。”文中所说的“温良而和，宽容而爱，刑清而省，喜赏而恶罚”正是理想人格的核心特征。扬雄《法言》也道：“道、德、仁、义、礼，譬诸身乎！夫道以导之，德以得之，仁以人之，义以宜之，礼以体之，天也。合则浑，离则散。一人而兼统四体者，其身全乎！”“天人感应论”的倡导者董仲舒认为，作为“天”的副本，人是最宝贵的，不仅在形体上具有“天”的属性，而且在品性上也与“天”相通。他在《春秋繁露·为人者天》中说：“人之形体，化天数而成；人之血气，化天志而仁；人之德行，化天理而义；人之好恶，化天之暖清；人之喜怒，化天之寒暑；人之受命，化天之四时。人生有喜怒哀乐之答，春秋冬夏之类也。”他还在《春秋繁露·人副天数》中论证了人的身体与天象完全吻合："人有三百六十节，偶天之数也；形体骨肉，偶地之厚也。上有耳目聪明，日月之象也；体有空窍理脉，川谷之象也。……是故人之身，首妢而员，象天容也；发，象星辰也；耳目戾戾，象日月也；鼻口呼吸，象风气也；胸中达知，象神明也……"最值得称道的是，他进一步细致区分出人们身体不同部位的审美要求："天地之象，以要为带。颈以上者，精神尊严，明天类之状也；颈而下者，丰厚卑辱，土壤之比也；足布而方，地形之象也。"他表达的意思是：颈部以上的身体要保持精神与尊严；颈部以下的身体要保持丰厚，呈现卑微之势；脚要方方正正。这一时期，"雅"、"仁"、"爱"、"慈"、"聪"、"敏"、"深"、"沉"、"重"、"谨"、"严"、"慎"、"谦"、"闲"、"愉"、"孝"成为代表字。

至于女子的品性美，在传统文化倡导女性"三从四德"的语境下，娴静、温顺、服从最能凸显女性的美。《诗经》里赞美女性美貌时都要加上"端庄"、"贤淑"、"文静"、"娴雅"等品性美方面的赞颂，鲜明地体现出时人对女性的审美标准。如："窈窕淑女，君子好逑。"《礼记·内则》记载："女子十年不出，姆教婉娩听从。执麻枲，治丝茧，织纴组纠，学女事，以共衣服。观于祭祀，纳酒浆、笾豆、菹醢，礼相助奠。十有五年而笄，二十而嫁。有故，二十三年而嫁。聘则为妻，奔则为妾。凡女拜，尚右手。"教育和培养女子的德性，让她们以顺从男子为主，故女子在接受女师的教诲的时候，就要被教以"婉娩听从"。她们所学习的是“女事”：烹饪、缝纫、编结丝麻以及处理家庭中的日常琐事。女子既不去学校，又不出外，只是由她们的长辈或保姆日常训导她们“妇德”、“妇容”、“妇言”、“妇功”四项。所谓礼、乐、书、数之教，女子无份，至于“治学”、“从政”，更非女子所能有的权利。至“十有五年而笄，二十而嫁”。出嫁之后又专门服侍公婆及做家中琐事。到了祭祀大典，女子只能以佐理的姿态出现，如准备祭祀用的酒浆、醃菜、肉酱等，而不能直接参与其中。在这种礼教氛围中，即使身为贵族女子甚至皇后，她们也只能做个温顺谦卑的配角，兼任勤勤恳恳的“劳动模范”。“女”、“柔”、“静”、“淑”、“媚”、“婉”、“贞”、“勤”即为代表字。魏晋时代，男女的品性美基本传承秦汉之风，故在此不赘述。

二、人的仪表美及相关汉字

爱美之心，自古有之，数千年来，汉民族对仪表美的追求孜孜不倦，乐此不疲。下面从整体美与局部美两方面作一探微。

（一）整体美

反映整体美的文字很多落实到身体层面，具有代表性的有“美”、“好”、“丽”、“艳”、“姣”、“佳”、“娈”、“娥”、“伟”、“肥”、“奇”、“轩”、“靓”、“娟”、“姝”等。那么，这些字中蕴藏着怎样的审美心理呢？

1. 先秦与美有关的字

前文提及，先秦人以硕大为美，其代表字如下。

美

美（měi），最初是指男舞师头戴山鸡毛跳舞的美丽形象，先指男性之美，先秦文献里较早出现的“美人”就是一位男舞师。《诗经·邶风·简兮》开篇写道：

“……硕人俣俣，公庭万舞。有力如虎，执辔如组。左手执籥，右手秉翟。赫如渥赭，公言锡爵。山有榛，隰有苓。云谁之思？西方美人。彼美人兮，西方之人兮。”根据史书记载，殷商时代的舞蹈有武舞与文舞两种：武舞指的是手执干戈、兽角的表演，文舞是头戴山鸡毛的舞蹈。诗歌先描写了这位舞师表演“武舞”时勇猛矫健、虎虎生威的样子，随后展示其“文舞”时的雍容优雅、风度翩翩，这与“美”的初始形象不谋而合，诗歌最后直呼其为“美人”。《战国策》里有个美男子叫邹忌，他“修八尺有余，而形貌昳丽”，个子高，容貌美，还很不自信地问老婆、小妾、客人同一个问题：我与城北徐公比，谁更美丽？在后续的发展过程中，“美”变成了可以通指男女的字。指向美女的如《诗经·邶风·静女》：“匪女之为美，美人之贻。”《诗经·卫风·硕人》：“螓首蛾眉，巧笑倩兮，美目盼兮。”《诗经·鄘风·桑中》：“云谁之思？美孟姜也。”指向美男子的也不乏其例。《荀子·非相》：“古者桀、纣长巨姣美，天下之杰也。”意思是：古代的桀、纣修长俊美，是天下出色的人。还有《国语·鲁语》：“楚公子甚美，不大夫矣，抑君也。”

“美”在甲骨文里写作，其含义在学术界至少有两种说法。

一是“羊大为美”，即肥大的羊是美的。许慎《说文解字·羊部》：“美，甘也。从羊，从大。羊在六畜主给膳也。美与善同意。”二是“羊人为美”，即头戴羊角跳舞的人是美的。说“羊大为美”的许慎生活在“味文化”发达的东汉时代，他根据当时的生活经验，把“美”说成味觉美，虽情有可原，但有点偏离事实。首先，美体现在视觉层面；其次，“美”字造于殷商时代，时人不可能过于纠缠对事物的味觉体验；最后，许多事物的美并不体现在味觉层面，比如云彩的美与人体的美。相比之下，“羊人为美”的说法似乎更符合实情。在古代，巫术仪式占据重要地位，古人为了沟通天地，常常举行化装舞会，头戴羊角就是舞蹈的一种装扮，主要流行于西部地区。后来，又演变为商代流行的文舞，即“羽舞”：在仪式中，男巫师头戴长而鲜艳的山鸡毛，载歌载舞，表达对神的敬意和祈福的愿望。我们推测，人们很可能是受一位男舞师的头饰、形体、动作的形象启发，从而造出该字。战国时期的鲁衔环狩猎画像中有一狩猎纹壶，壶的最下部刻有人扮成鸟表演的舞蹈，头上戴着长翎。公元前6世纪，已经出现头戴嵯峨羽冠的人舞蹈、划船的形象。沧源崖壁上所画的插着长长羽毛的羽人，实际上也是在表演有关太阳或鸟崇拜的舞蹈。

云南沧源岩画

云南川江李家山出土的战国青铜扣饰，有的上面就铸着头插大鸟羽毛的贵族骑马狩猎的形象。“美”后来通指男女，该用法一直保留至今。

好

好（hǎo），甲骨文写作。许慎《说文解字·女部》：“好，美也。从女、子。”《方言》卷二：“自关而西，秦晋之间，凡美色或谓之好，或谓之窕。”意思是：美丽的容颜就被称为“好”。《楚辞·招魂》：“容态好比，顺弥代些。”王逸注：“言美女众多，其貌齐同，姿态好美。”意思是：女子众多，她们同样美貌。《诗经·周南·关雎》开篇就激情洋溢地吟唱道：“窈窕淑女，君子好逑。”意思是：美丽贞静的女子啊，你是男子美好的配偶。《左传·隐公三年》称庄姜“美而无子”，其言外之意是美女无子则谈不上“好”。先秦时代也指男性美，如《诗经·郑风·叔于田》中的“洵美且好”，赞美的是一个矫健有力的猎手。

关于“好”字，有三种流行的说法。一说“女子就是美”。《说文解字·女部》段玉裁注：“好，本谓女子，引申为凡美之称。”二说“一男一女”就是好。《字诂·好》：“从女从子，盖和合二姓以成配偶，所谓好也。”三说生男孩就是女子的“好”。

李万春先生说："在古代社会里，男子是家庭的主要劳动力，征伐徭役，田猎耕作，无一不是男性去做。而征伐徭役和出猎都充满危险，尤其是战争，死神无时无刻不威胁士卒。因为男子死亡多，所以人们都希望生育的妇女能生男孩。生男孩就是'好'。"① 本书倾向于这种观点。在生产技术不发达的古代，人多势众的家庭、种族、国家往往更有竞争力，因此古人最看重的是女性的生育功能。通常，发育好、长得漂亮的女子更可能生出健壮的后代，她们自然成为男性追求的对象。1976 年在河南安阳小屯发掘的妇好墓，墓主"妇好"就是商代有名的君主武丁的妻子。甲骨卜辞里多次提到"妇好"生育时的情景。后来，"好"的美学意义发生变化，专指男女的容貌、体态、气质给人以愉悦之感。

伏羲女娲图

丽

丽（lì），《说文解字·鹿部》："丽，旅行也。鹿之性见食急则必旅行。从鹿，丽声。"意思是：鹿看到食物，必然结伴去觅食，这是其本性。故而"丽"在这里

① 李万春著：《汉字与民俗》，昆明：云南教育出版社 2002 年版，第 38 页。

就是“好”的意思。清代学者段玉裁在《说文解字注》中说：“会意，从鹿从丽。”《小尔雅·广言》载：“丽，两也。偶物为丽。”意思是：成双成对的东西为“丽”。“丽”首先指向男性的美，宋玉的《登徒子好色赋》中说：“大夫登徒子侍于楚王，短宋玉曰：‘玉为人体貌闲丽，口多微辞，又性好色，愿王勿与出入后宫。’”上文

宋玉

提到的“宋玉”是名噪一时的“丽人”。《吕氏春秋·达郁》：“列精子高听行乎齐湣王，善衣东布衣，白缟冠，颡推之履，特会朝雨袪步堂下，谓其侍者曰：‘我何若?’侍者曰：‘公姣且丽。’”讲的是一个叫列精子高的人高大美丽。《北史·魏章武王太洛传》：“子融，字永兴，仪貌壮丽，性通率有豪气。”意思是：子融，字永兴，仪貌健壮美丽，性情通达坦率，有豪杰之气。“丽”也可指向女人，如《战国策·中山策》：“佳丽人之所出也。”《文选·张衡·思玄赋》：“咸姣丽以蛊媚兮，增嫮眼而蛾眉。”三国时曹植《洛神赋》：“睹一丽人，于岩之畔。”白居易《长恨歌》：“后宫佳丽三千人，三千宠爱在一身。”

“丽”，甲骨文写作，鹿头上有一对漂亮的鹿角，造该字时取匀称的鹿角为“丽”的标志性特征。英国画家威廉·荷加斯在《美的分析》中说：“所以你们可以看到，整齐、统一或对称，只有能形成合乎目的性的观念时，才能使人喜欢。”① 除了鹿角展现的对称美之外，鹿颈项修长、体态优雅，而且性格温顺、爱护同伴、亲近人类，人类对其有天然的喜爱之情。《庄子·盗跖》中说：“神农之世，卧则居居，起则于于，民知其母，不知其父，与麋鹿共处，耕而食，织而衣，无有相害之心，此至德之隆也。”仰韶彩陶中就有很多鹿的形象，远古部落也有鹿的图腾崇拜。后来“丽”又引申为人之美，通指男女。

艳

艳（yàn），《说文解字·丰部》：“艳，好而长也。”《集韵·丰韵》：“艳，隶作艳。”《类篇·色部》：“作艳，好貌也。”《方言》卷二：“艳，美也。……宋、卫、晋、郑之间曰艳……秦、晋之间，美貌谓之娥，美状为窕，美色为艳。”《左传·桓公元年》记载：“宋华父督见孔父之妻于路，目逆而送之，曰：‘美而艳。’”意思是：孔父之妻美丽高大。该字随后指向男性，如《左传·文公十六年》记载：“公子鲍美而艳，襄夫人欲通

---

① ［英］荷加斯著，杨成寅译：《美的分析》，桂林：广西师范大学出版社 2005 年版，第 18 页。

之，而不可，夫人助之施。”意思是公子鲍美丽高大。“艳”后来专指女性的美。《诗经·小雅·十月之交》：“楀维师氏，艳妻煽方处。”艳妻指周幽王的宠妃褒姒。古乐府《焦仲卿妻》：“东家有贤女，窈窕艳城郭。”意思是：东家有个贤淑的女子，其美貌远近有名。

西施

“艳”是个会意字，根据“艳”字的结构，左边的“丰”指高大美，右边的“色”指容貌美，即“身材修长、脸蛋漂亮”。“长大”当为其本义，“美好”为后起之义。《左传》里的美女“孔父之妻”和美男子“公子鲍”都曾经让人惊艳。

姣

姣（jiāo），《说文解字·女部》：“姣，好也。从女，交声。”指容貌美好。段玉裁注：“姣谓容体壮大之好也。”徐灏笺：“凡从‘交’声之字，其义多为‘长’……‘壮’、‘佼’亦谓其壮而高长，非谓大也。”侯文学先生则说：“‘佼（姣）’较早称为审美范畴，

> ‘大而健’是其主要范畴。”①《孟子·告子上》说：“至于子都，天下莫不知其姣也。不知子都之姣者，无目者也。”意思是：全天下没有不知道子都英俊美丽的，不知道子都的美的人是不长眼睛的人。《说苑·修文》：“貌者，男子之所以恭敬，妇人之所以姣好也。”《汉书·东方朔传》：“偃（董偃）年十三，随母出入主家，左右言其姣好。”以上两处“姣好”都是指容貌美丽。该字指女性较早出现于《列子·杨朱》中：“乡有处子娥姣者也。”是指乡村有美貌的处女。《方言》卷一：“自关而东，河济之间谓之媌，或谓之姣。”《史记·苏秦列传》：“前有楼阙轩辕，后有长姣美人。”

“姣”篆文写作，像一个人双腿纤长、亭亭玉立的样子，这个字用来形容人的高大、美丽，后来专指女性容貌美丽。

佳

佳（jiā），篆文写作，从人，圭声，引申指女子纯洁美丽如圭玉。《说文解字·人部》：“佳，善也。”《楚辞·九歌·湘夫人》：“闻佳人兮召予，将腾驾兮偕逝。”意思是：我听说湘夫人啊在召唤着我，我将驾车

---

① 侯文学：《说“佼（姣）”美》，《北方论丛》2007年第1期。

傅抱石《湘夫人图》

啊与她同往。《战国策·中山策》："（司马憙）见赵王曰：'臣闻赵，天下善为音，佳丽人之所出也。'"意思是：司马憙见到赵王说："臣听说赵国是天下出美女的地方。"东汉班固的《汉书·外戚传》："北方有佳人，绝世而独立。一顾倾人城，再顾倾人国。"意思是：在中国的北方有个姿色非常出众的女人，回眸一次，全城的人都为她的美貌倾倒；再回眸，全国的人都为她的绝色而惊叹。这风姿美得令人生畏，让人心驰神往、倍加牵怀。以上的"佳人"均指"美人"。

"佳"字右旁的"圭"，本是指古代帝王诸侯举行礼仪时所用的玉器，上尖下方。李志宏先生曾经说："我国新石器时代有了圭、璧等礼器。据考察，圭最初是测日的工具，其前身很可能是石斧、石铲、石锛等生产工具。山东日照出土的玉铲，'体薄而美巧，不适合实用。显然，这个物品已发生了价值功能的转移'。"[①] 用"玉"来比喻女性的白皙、温润、美好的例句，在上

① 李志宏著：《认知美学原理》，北京：光明日报出版社2011年版，第80页。

古诗歌中俯拾皆是。如《国风·召南·野有死麕》中说：“白茅纯束，有女如玉。”《诗经·小雅·白驹》：“生刍一束，其人如玉。”

娈

唐周昉《簪花侍女图》

娈（luán），美好貌。《说文解字·女部》：“娈，慕也。从女，亦声。”《广雅·释诂》：“美好貌。”《毛传》：“娈，好貌。”这个字在先秦通指男女。指向女性的如《诗经·邶风·静女》：“静女其娈，贻我彤管。”意思是：美丽的姑娘真好看，送我一只小彤管。《诗经·邶风·泉水》：“娈彼诸姬，聊与之谋。”意思是：众家姊妹皆美貌，细诉心曲来共谋。指向男性的如《诗经·齐风·猗嗟》：“猗嗟娈兮，清扬婉兮。”意思是：那人真清秀啊！眼儿明媚多漂亮啊。晋阮籍《咏怀》：“交甫怀环珮，婉娈有芬芳。”意思是：交换彼此的环珮，又漂亮又芳香。此外，这个字还可以指向面貌清秀的男孩，如《诗经·齐风·甫田》：“婉兮娈兮，总角丱兮。”意思是：漂亮孩子逗人怜，扎着小小羊角辫。晋张翰《周小史》着力描写道：“翩翩周生，婉娈幼童。”意思是：风度翩翩的周小史，是个美丽的孩童。

“娈”，本义是指男女美丽，魏晋以后指男童面貌清秀。

娥

娥（é），美好轻盈的意思。《说文解字·女部》：“娥，帝尧之女，舜妻娥皇字也。秦晋谓好曰姪娥。从女，我声。”后来引申指“轻盈而美丽的女子”。

娥皇

《列子·周穆王》：“简郑卫之处子娥媌靡曼者，施芳泽，正蛾眉，设笄珥，衣阿锡。”意思是：挑选郑、卫两国的漂亮处女，让她们洒上香油、修饰眉毛、戴上发簪耳环、穿着精致的丝织衣裳。《文选·江淹·别赋》：“桑中卫女，上宫陈娥。”意思是：卫国桑中多情的少女，陈国上宫美貌的春娥。《古诗十九首·青青河畔草》：“娥娥红粉妆，纤纤出素手。”意思是：楼上装扮美丽的女子啊，伸出的双手是那么的细长和洁白。

“娥”，本是上古帝王尧的女儿、舜的妻子娥皇的字，后来指女子的轻盈美丽。《方言》卷一：“秦晋之间，凡好而轻者谓之娥。”意思是：秦、晋一带的人们将漂亮而轻盈的女子称作“娙娥”。《史记·外戚世家》：“邢夫人号娙娥。”

娴

娴（xián），《说文解字·女部》：“雅也。从女，闲声。”《玉篇·女部》：“娴雅也。”指姿态优雅美丽。徐锴《说文解字系传》：“娴，谓闲雅逶迤若女子也。”宋玉的《登徒子好色赋》：“大夫登徒子侍于楚王，短宋玉曰：‘玉为人体貌闲丽，口多微辞，又性好色，愿王勿与出入后宫。’”意思是：大夫登徒子说：“宋玉长得娴静英俊，说话很有口才，又很贪爱女色，希望大王不要让他出入后宫之门。”《红楼梦》里形容林黛玉是“娴静犹如花照水，行动好比风扶柳”。

“娴”指男女娴静、优雅的体态与恬淡的风姿。强调人沉静、庄重。《后汉书·马援传》注：“娴雅，犹沈静也。”《论衡·定贤》：“或骨体娴静。”

都

都（dū），金文写作，《说文解字·邑部》：“都，

有先君之旧宗庙曰都。从邑，者声。”《周礼》：“距国五百里为都。”本义指有关卡、城门把守的大城市，后引申指人从容典雅、风度翩翩。《诗经 · 郑风 · 有女同车》：“佩玉锵锵。彼美孟姜，洵美且都。”意思是：身佩着的美玉晶莹闪亮，美丽的姑娘多优雅。《楚辞 · 九章 · 悲回风》：“惟佳人之永都兮。”意思是：佳人永远美好啊。《汉书 · 司马相如传第二十七》：“相如时从车骑，雍容闲雅，甚都。”意思是：司马相如坐着车，雍容优雅，样子很美。

“都”指人从容典雅，风度翩翩。有学者认为，“都”与“笃”相通，指人的神情淡定，因淡定而从容，因从容而优雅。

僚

僚（liáo），《说文解字 · 人部》：“僚，好儿。从人，尞声。”僚，通“嫽”，指人的身材美好。《广韵》：“僚，好貌。”扬雄《方言》：“嫽，好也。青徐海岱之间曰嫽。”《诗经 · 陈风 · 月出》：“月出皎兮，佼人僚兮。”《毛传》：“僚，好貌。”孔颖达疏：“谓其形貌好、颜色美、身复美也。”意思是：月光皎洁啊，美人在月光下亭亭玉立，显得格外美丽。

“僚”指人的身材修长，容貌姣美。

2. 汉代与美有关的字

到了倡导休养生息的汉代，人们的审美观渐变。男人以气质儒雅、外形雄健为美，女子以娇小阴柔为美。“美”、“丽”、“姣”、“艳”这些过去通指男女的字，在汉代以后逐步发展到专指女性。“硕”、“颀”等被“修”、“长”所替代。另外，当时人们描述男性美多用“伟”、“肥”、“奇”等字，而形容女性美常用“靓”、“娟”、“姝”、“妙”、“娙”等字。迥异的“美”字系列展示出不同性别丰富多彩的面貌。在汉代，肤白、体肥俨然成为男人社会身份的符号。身形高大白胖，头长、额宽、鼻大、胡须浓密的男子成为“型男”的象征，上至帝王将相、下至黎民百姓，都对他们倍加追捧。

（1）有关男性美的字。

伟

诸葛亮

伟（wěi），本义指身材魁梧的卫城壮士，后来指男人身形魁伟、容貌奇伟。《华严经音义》：“伟，大也。”《三国志》第五十七卷：“温少修节操，容貌奇伟。”意思是：张温从小就培养自己的节操，容貌非凡。《汉书·游侠传第六十二》：“长八尺余，长头大鼻，容貌甚伟。”《三国志·诸葛亮传》："身长八尺，容貌甚伟。"意思是：诸葛亮身高一米八左右，身材魁梧、气势不凡。《三国志》第四十卷："彭羕字永年，广汉人。身长八尺，容貌甚伟。"意思是：彭羕字永年，广汉人。身长八尺，容貌很伟丽。

"伟"甲骨文写作，像士兵沿着城邑的四周巡逻、守卫，篆文写作。《说文解字·人部》："伟，奇也。从人，韦声。"指男人身材魁梧、气势不凡。《三国志》里的诸葛亮就是一位身材修长的"伟男子"，但当时对身材、容貌尚不区分，笼统地称为"伟"。

奇

奇（qí），《说文解字·可部》："奇，异也。一曰不耦。从大，从可。""奇伟"就有奇特壮美、奇异不凡的含义。《史记·留侯世家》："余以为其人计魁梧奇伟，至见其图，状貌如妇人好女。"《汉书·叙传第七十》："盖在高祖，其兴也有五：一曰帝尧之苗裔，二

刘邦

曰体貌多奇异，三曰神武有征应，四曰宽明而仁恕，五曰知人善任使。”《史记·高祖本纪》中说：“高祖为人，隆准而龙颜，美须髯，左股有七十二黑子。”“隆准”是指鼻梁高，鼻头大，“龙颜”是指相貌像龙。据说吕雉的父亲会相面，觉得刘邦相貌不俗，有将王之相，将来必成气候。

“奇”，小篆写作奇，《仙经》中说“人有三奇：精，气，神也”，因此，“奇”也可以解释为一种与众不同的特质或气质。如汉高祖刘邦，作为开国皇帝，虽然一副无赖相，但他身上有着一些特质。

肥

肥（féi），《说文解字·肉部》：“肥，多肉也。从肉，从卩。”肥的本意是“胖，脂肪多”，跟“瘦”相对。《汉书·张陈王周传》：“平为人长大美色，人或谓平：‘贫何食而肥若是？’”意思是：陈平长得身材高大，相貌堂堂。有人对陈平说：“你家里那么穷，吃了什么长得这么肥壮？”《汉书·张苍传》记载：“张苍，阳武人也，好书律历。秦时为御史，主柱下方书。有罪，亡归。及沛公略地过阳武，苍以客从攻南阳。苍当斩，解衣伏质，身长大，肥白如瓠，时王陵见而怪其美士，乃

> 言沛公，赦勿斩。”主要意思是：为汉朝制定法律的张苍早年在军中因犯法被判处斩刑，当他脱下衣服，将身子伏在铡刀下的时候，“身长大，肥白如瓠”，刘邦的心腹王陵看到，觉得他很英俊，因而向刘邦求情，张苍被免死。

在“民以食为天”的古代，肥肥白白被视为营养良好的表现，又透露出非富即贵的命运信息，因此人们以肥白为美。由此，《汉书》记载的张苍因“肥白”而免死之事并不夸张。

（2）有关女性美的字。

娟

娟（juān），篆文写作，《说文解字·女部》：“娟，婵娟也。从女，肙声。”《广韵·仙韵》：“娟，婵娟，好姿态貌。”“肙”意为细小的、小巧的。“女”与“肙”联合起来表示“美好的样子”，有时指眉毛细长，有时指体态轻盈。《楚辞·大招》说：“丰肉微骨，体便娟只。”意思是：肌肉丰满，骨骼纤细，体态轻盈，翩然来往。司马相如《上林赋》：“长眉连娟，微睇绵藐。”意思是：女子长长的美眉纤细而美好。《汉书·外戚传·孝武李夫人》：“美连娟以修嫮兮，命樔绝而不长。”

意思是：如此美貌纤弱而修长美好，可惜红颜薄命。

“娟”指轻盈、小巧、细腻的美。轻盈指体态，小巧指五官、四肢，细腻指肌肤，“娟”是女子整体的秀美。

两千多年前，汉景帝刘启与父亲汉文帝开创了“文景之治”的盛世，刘启去世后与其皇后合葬于陕西省西安市汉阳陵。2013年9月1日，来自汉阳陵的84件（组）陪葬文物被运到武汉博物馆展出，其中，包括了有“东方维纳斯”、“东方大卫”之称的着衣式陶俑在内的5件国家一级文物。这些陶俑可以从某种程度上证明汉代女性以瘦为美。

靓

连环画《王昭君》书影

靓（liàng），篆文写作靚，《玉篇·见部》：“靓，装饰。”《正字通·青部》：“靓，饰也，粉白黛黑谓之靓妆。”意思是：脸蛋涂得粉白、眉毛画得乌黑可以称为“靓妆”。司马相如《上林赋》：“靓妆刻饰，便嬛绰约。”意思是：女子眉毛画得乌黑、脸蛋涂得粉白，这种打扮很美。《后汉书·南匈奴传》：“昭君丰容靓饰，光明汉宫。”讲的

> 是王昭君在辞别汉廷、奔赴外疆的那一天，打扮得光彩靓丽，令汉元帝后悔莫及。

“青”是丹青，汉代年轻女子用丹青颜料画眉染唇，用白粉敷面，妆容艳丽，后来“靓”指女子容貌美丽。汉阳陵里出土的女性陶俑，几乎个个眉毛乌黑，白粉敷面，光洁可鉴。

曼

> 曼（màn），金文写作。指身材高大、步履轻盈。《说文解字 · 又部》：“曼，引也。从又，冒声。”《楚辞 · 招魂》：“娥眉曼睩，目腾光些。”形容女子的眉目秀美有神。汉代专指人的美丽，如《文选 · 司马相如 · 子虚赋》：“郑女曼姬。”意思是郑国多美女，“曼”是皮肤好的意思。《汉书 · 佞幸传第六十三》：“赞曰：柔曼之倾意，非独女德，盖亦有男色焉。”意思是：柔和、柔润，令人倾心，这些并非只是女子的美德，那些男宠也是这样。

“曼”指身材高大，后又指“眉毛修长”。汉代俊男美女都可以用“曼”来形容，如西汉辞赋家东方朔字“曼倩”。《汉书 · 隽疏于薛平彭传第四十一》：“隽不疑字曼倩，勃海人也。治《春秋》，为郡文学，进退必以礼，名闻州郡。”

嫣

嫣（yān），《说文解字·女部》：“嫣，长儿。”《玉篇》：“嫣，长美貌。”意思是：修长美丽的人称为“嫣”。《正字通》：“嫣，巧笑态也。”即笑容的意思。《文选·宋玉·登徒子好色赋》：“嫣然一笑，惑阳城，迷下蔡。”意思是：她美丽的笑容能迷住所有的公子哥儿。

修长美丽的人被称为“嫣”。野史载，汉惠帝的皇后张嫣（前202年—前163年），其字孟媖，小字淑君，是鲁元公主与宣平侯张敖之女，汉惠帝刘盈的外甥女。前192年，年仅十一岁的张嫣成为舅舅汉惠帝的皇后。前180年，群臣共除吕后，拥立汉文帝刘恒为帝，废黜张嫣的皇后之位。前163年，张嫣去世，终年四十岁，谥号孝惠皇后，与汉惠帝合葬于安陵。张嫣死后，臣民纷纷为她立庙，定时享祭，尊她为花神，为她立的庙便称为花神庙。

姝

姝（shū），《说文解字·女部》：“姝，好也。”《字林》：“姝，好貌也。”指女子美貌。《诗经·邶风·静女》：“静女其姝，俟我于城隅。”《后汉书·和熹邓皇后纪》里记载：“后长七尺二寸，姿颜姝丽，绝异于众，左右皆惊。”和熹邓皇后在永元七年（95年）与诸家女子一同被选入宫中。她身长七尺二寸，姿色十分美丽，出类拔萃，大家都为她的美色所惊艳。陆机《拟青青河畔草》："皎皎彼姝女，阿那当轩织。"意思是：那个打扮得楚楚动人的美女，临窗在纺织。

跟"美"、"丽"、"佳"、"艳"、"姣"等字相比较，"姝"的美丽程度更甚，可以说是一种超群脱俗的美。

妙

汉武帝李夫人

妙（miào），《广雅·释诂》："妙，好也。"形容女子年轻而又美丽。东汉傅毅《舞赋》："貌嫽妙以妖惑兮，红颜晔其扬华。"意思是：相貌姣好迷人，光彩照人。《汉书·外戚传》："平阳主因言延年有女弟，上乃召见之，实妙丽善舞，由是得幸。"汉武帝初次见李夫人，深感其"妙丽善舞"，这种印象改变了李夫人及其一家的命运，她从此受宠。她知道武帝爱的是自己的容颜，所以每天都要花费时间梳妆打扮，防止被他人夺宠。极度的焦虑，使李夫人最终疾病缠身，容颜憔悴。患病期间，武帝几次想探视，都被她拒绝。临终，她又以被掩面说："妾长久卧病，容貌已毁，不可复见陛下。"所以，汉武帝始终没有见到她病中的样子。她私下对家人说："大凡以色事人，色衰而爱弛，爱弛则恩绝。今天我病已将死，他若见我容颜与以前大不相同，必然心生嫌恶，避之唯恐不及，怎么会在我死去后照顾我的兄弟？"她真有深谋远虑。

"妙"的含义丰富，既指年轻美丽，又指多才多艺，总体指女性的妙不可言、风情万种。

娙

汉武帝邢夫人

娙（xíng），《说文解字·女部》："娙，长好也。"《玉篇·女部》："身长好貌"。《城南联句》："赵燕锡媌娙。"《汉书·外戚传序》："至武帝制倢伃、娙娥、傛华、充依，各有爵位……倢伃视上卿，比列侯。"《史记·外戚世家》："邢夫人号娙娥。"汉武帝同时宠幸尹夫人与邢夫人（名字叫娙娥），但诏令两人不能相见。有一次，尹夫人亲自请求武帝，希望能看一看邢夫人。武帝答应了，就让另一位夫人装扮起来，并让几十名侍从跟随其后，假冒邢夫人来到尹夫人面前。尹夫人走上前去看她，却说："这不是邢夫人。"武帝问："为什么这样讲呢?"尹夫人回答说："看她的身段、相貌、姿态，不足以匹配皇上。"于是武帝就下令让邢夫人穿上旧衣服，单独前来。尹夫人远远看见她就说："这才是真的。"于是就低头哭泣，伤心自己不如邢夫人美丽。

身材修长、轻盈被称为"娙"。清代段玉裁《说文解字注》："长好也，体长之好也。故其字从巠。上文曰秦晋谓好为娙娥。汉妇官十四等有娙娥。武帝邢夫人号娙娥。从女，巠声。""娙"指女子身材修长，容貌美丽。

弱

弱（ruò），篆文写作弱，《说文解字·彡部》："弱，桡也。上象桡曲，彡象毛氂桡弱也。弱物并，故从二弜。"《正字通·弓部》："弱，衰也。"东汉班昭在《女诫》中提出："阴阳殊性，男女异行，阳以刚为德，阴以柔为用，男以强

汉成帝班婕妤

为贵，女以弱为美。”意思是：阴阳性质不同，男女行为不同。阳以刚强为美，阴以柔和为美。男人以强健为美，女人以柔弱为美。汉成帝的妃子班婕妤在《捣素赋》中道：“若乃盼睐生姿，动容多制，弱态含羞，妖风靡丽。”意思是：至于说到她们左顾右盼的样子，举止仪容各显风采，姿态柔弱，面带羞色，展尽妖娆的风韵。

弱，是指女子的娇弱。梁启超在《中国韵文里头所表现的情感》一文中说：“近代文学家写女性，大半以‘多愁多病’为美人模范……说到美人便离不了病，真是文学界一件耻辱。”汉代女人以娇小瘦弱为美，此种审美观反映了男性对女性的控制欲望。

3. 魏晋与美有关的字

(1) 有关女性美的字。

从三国魏晋时期开始，女性之美开始获得独立的价值，日益为主流社会所欣赏和珍视。有些人甚至认为，女性的社会价值主要是贡献了美，与美相比，其道德属性处于次要地位。荀粲曾说：“妇女德不足称，当以色为主。”在这种美、德分立说的鼓舞下，女性开始走向对于美的自觉的追求。到了魏晋时期，能歌善舞的动感美融入美女的特质中。这一时期的代表字有“妖”、“妍”、“冶”、“芳”、“绰”、“鲜”、“润”等。

妖

妖（yāo），《玉篇·女部》：“妖，艳也。”妖本义指姣好、美丽。陆机《日出东南隅行》：“高台多妖丽。”意思是：洛阳城中的楼台内，住着许多美丽的女子。在《拟青青河畔草》中，陆机又写道：“粲粲妖容姿，灼灼美颜色。”形容美女光彩照人。曹植《美女篇》：“美女妖且闲。”意思是：一个美丽的姑娘，她的容貌艳丽，性格娴静。《资治通鉴·汉制二十四》：“梁国之富足以厚聘美女，招致妖丽。”意思是：梁国的富裕足以聘到美女，招来靓妹。

“妖”本义指“美丽的女人”，后来受“红颜祸水”之说的影响，人们把“美而邪恶的女人”统称为“妖”，把“美而轻浮之女”称为妖精，如夏桀的王后妹喜、商纣王的宠妃妲己、周幽王的宠妃褒姒、晋献公的妃子骊姬等。

妍

妍（yán），篆文写作，《说文解字·女部》：“妍，技也。一曰不省录事。一曰难侵也。一曰惠也。一曰安也。从女，幵声，读若研。”指美貌。陆机的《日出东南隅行》：“丹唇含九秋，妍迹陵七盘。”晋张翰《周小史》诗曰：“转侧绮靡，顾盼便妍。”意思是：美少年侧

身倚在绮丽的软榻上，回眸环顾，十分美丽。《南史》：“时子高年十六，尚总角，容貌艳丽，纤妍洁白，如美妇人。”意思是：子高十六岁，还是少年，容貌艳丽，纤弱白皙，像女人一样美貌。

“妍”特指女子的美貌。《关尹子·三极篇》：“日无不照，有妍有丑。”

冶

冶（yě），金文写作𠑷，《说文解字·仌部》：“冶，销也。从仌，台声。”《易·系辞上》：“慢藏诲盗，冶容诲淫。”孔颖达疏：“女子妖冶其容。”《荀子·非相》：“美丽姚冶。”意思是容貌艳丽。《文选·宋玉·登徒子好色赋》：“此郊之姝，华色含光，体美容冶，不待饰装。”意思是：这郊外的美女，光彩照人，体态优美，不需装饰。古乐府《子夜歌》：“冶容多姿鬓，芳香已盈路。”意思是：我把自己打扮得很艳丽，身上的香气飘出很远。谢惠连《雪赋》：

石崇的宠妾绿珠

“纨袖渐冶，王颜掩姱。”陆机《日出东南隅行》：“冶容不足咏，春游良可叹。”袁康《越绝书·外传记计倪传》：“倾城倾国，思昭示于后王；丽质冶容，宜求监于前史。”《后汉书·崔骃列传》：“扬娥眉于复关兮，犯孔戒之冶容。”李贤注：“饰其容而见于外曰冶。”张华《女史箴》：“冶容求好，君子所雠。”葛洪《抱朴子·畅玄》：“冶容媚姿，铅华素质，伐命者也。”

“冶”指女子修饰得很妖媚，美得令人销魂。

芳

芳（fāng），金文写作。《说文解字·艸部》：“芳，香草也。从草，方声。”段玉裁注：“香草当作草香。”之后，“芳”引申为各种芳香之物，或者是能令人联想起美好的事物，也可以比喻有贤德之人。《楚辞·离骚》：“昔三后之纯粹兮，固众芳之所在。”

晋顾恺之《洛神赋图》

《仪礼·士冠礼》：“甘醴惟厚，嘉荐令芳。”曹植的《洛神赋》：“芳泽无加，铅华弗御。”意思是：美女无须涂脂抹粉就已靓丽、芳香。

古代女子用熏香、佩戴香草、抹粉、香汤沐浴等多种方法保持体香。《红楼梦》提到的“冷香”与“暖香”即是此用途。

绰

绰（chuò），金文写作。《玉篇·糸部》：“绰，宽也，缓也。”指女人姿态柔美。《楚辞·大招》云：“滂心绰态，姣丽施只。”意思是：心意宽广，体态绰约，姣好艳丽，打扮在行。《庄子·逍遥游》：“绰约如处子。”意思是风姿绰约如处女。曹植《洛神赋》：“柔情绰态，媚于语言。”意思是：柔情绵绵，媚态迷人，语言委婉柔媚。

指女人体态柔美、风姿绰约的样子。

鲜

鲜（xiān），金文写作，《说文解字·鱼部》：“鲜，鱼名。出貉国。从鱼，膻省声。”指人的肤色鲜润。陆

机《日出东南隅行》：“鲜肤一何润，秀色若可餐。”此处突出了皮肤的鲜嫩。

周小史

“鲜”指皮肤鲜嫩。汉代人关注肤色美，女子皮肤鲜嫩易受到赞美。

润

润（rùn），篆文写作。《说文解字·水部》：“润，水日润下。”意思是：水的特点是向下滋润万物。引申为皮肤的滋润、细滑。陆机《日出东南隅行》：“鲜肤一何润，秀色若可餐。”意思是：鲜嫩的肌肤多么滋润，美丽的容颜让人大饱眼福。

“润”指皮肤润泽。水分充足的脸才会显得“润”，所以湖北方言里称皮肤好为“水色好”。

（2）有关男性美的字。

三国时期，“美”字系列所代表的层次增加，往往是仪表美、才能美、品德美的“三美”合一。陈寿的《三国志》呈现的是一场英雄加美男的盛宴。据统计，《三国志》里的正面人物，百分之八十以上是美男，身材高大、面容清俊、神采飘逸、举止风流是其共性。该时期的男性美以“仪”、“姿”、“俊”、“风”、“雄”、“长”、“魁”等字为代表。

仪

仪（yí），甲骨文写作，本义指出征前的隆重仪式，通过祭祀占卜，预测战争凶吉；如果神灵显示吉兆，则表明战争是仁道的、公正的，是为神灵所福佑的。《说文解字·人部》：“仪，度也。从人，义声。”“仪”引申指符合社会审美标准的言行。《国语》：“所以宣布哲人之令德，示民轨仪也。”《楚辞》：“望三五以为像兮，指彭咸以为仪。”《诗经·曹风·鸤鸠》：“淑人君子，其仪一兮。其仪一兮，心如结兮。”意思是：贤良的人，他的仪态、行为是始终如一的；他的心犹如挽了结似的专一与坚定。《三国志》第八卷：“公孙瓒字伯珪，辽西令支人也。为郡门下书佐。有姿仪，大音声。”《三国志》第十二卷：“华峤汉书曰：熙字孟孙，少有大志，不拘小节。身长八尺五寸，体貌魁梧，善为容仪。”《三国志》第十五卷：“张既字德容，冯翊高陵人也。年十六，为郡小吏。魏略曰：‘既世单家，（富）为人有容仪。’”《三国志》第五十四卷：“初曹公闻瑜年少有美才，谓可游说动也，乃密下扬州，遣九江蒋干往见瑜。干有仪容，以才辩见称，独步江、淮之间，莫与为对。”《三国志》第六十四卷："少有节操，美容仪。"

"仪"是符合社会审美标准的言行，古代男人以仪表堂堂为美。这种美并不拘泥于眉、眼、鼻、唇等具体部位，体现的是整体风貌与气质，这是魏晋与前代的一个明显区别。

姿

姿（zī），篆文写作，《说文解字·女部》："姿，态也。从女，次声。"曹植的《洛神赋》："瑰姿艳逸，仪静体闲。"《三国志》第四十卷："魏文帝善达之姿才容观，以为散骑常侍、建武将军，封平阳亭侯。"《三国志》第四十九卷："繇长子基，字敬舆，年十四……姿容美好，孙权爱敬之。"《三国志》第五十六卷："吕范字子衡，汝南细阳人也。少为县吏，有容观姿貌。"《世说新语·容止》："潘岳妙有姿容，好神情。少时挟弹出洛阳道，妇人遇者，莫不连手共萦之。左太冲绝丑，亦复效岳游遨，于是群妪齐共乱唾之，委顿而返。"意思是：潘岳的长相、气质、神态都绝佳。他年少时挟弹弓出外行猎，无数的少女少妇为之痴狂，忘却礼教，不顾矜

曹丕

持，在大庭广众之下，手拉手地把俊俏少年围在中间。而左思仿效他出游，一群老妇却冲他吐唾沫，他悻悻而归。有极少例子是指向女人的，如《世说新语·贤缓》："王汝南少无婚，自求郝普女。……既婚，果有今姿淑德。"意思是：王汝南年少未婚，向郝普女求婚。……结婚之后，发现该女既美貌又贤淑。

男人仪态优雅被称为"姿"。三国时代美男荟萃，如曹丕、吕范等。在极少数情况下，"姿"也指女人美貌。

俊

俊（jùn），篆文写作，《说文解字·人部》："俊，材千人也。从人，夋声。"《三国志》记载："三子袁尚字显甫，是绍后妻刘氏所出，生得形貌俊伟，绍至爱之，因此留在身边。"《世说新语·容止》记载："骠骑王武子是卫玠之舅，俊爽有风姿。见玠，辄叹曰：'珠玉在侧，觉我形秽。'"意思是：骠骑将军王武子（王济）是卫玠的舅舅，俊秀清

袁尚

爽，风采夺人。他看到卫玠，总是感叹道：“仿佛光彩夺目的珠宝玉器在我身边，让我感到自惭形秽。”《北齐书·第三卷·补帝纪第三·文襄高澄》：“二年，加侍中，开府仪同三司，尚孝静帝妹冯翊长公主，时年十二，神情俊爽，便若成人。”

“俊”本来指百里挑一的人才，如《礼记·王制》：“俊士。”《礼记·月令》：“赞杰俊。”后来通指俊美的男子。

风

风（fēng），甲骨文写作。《说文解字·风部》：“风，八风也。”本义是指来自天空、使鸟类得以飞翔的气流。后特指男人由内向外散发的风度、神采。《南史·宋武帝纪》：“风骨奇伟。”指宋武帝具有非同寻常的品格与气度。《世说新语·容止》：“嵇康身长七尺八寸，风姿特秀。”意思是：嵇康身高近一米九，风姿十分秀丽。

宋武帝

“风”指男人由内向外散发的风度、神采。造字之初，古人尚未认识到风是冷热空气对流造成的，以为气流来自高天，故用“风”来比喻男人高旷、俊逸的神采。

雄

雄（xióng），篆文写作，本义是公鸟，后比喻有胆量、有气魄的男人。《说文解字·隹部》：“雄，鸟父也。从隹，厷声。”《三国志》第五十七卷：“陆绩字公纪，吴郡吴人也。绩容貌雄壮，博学多识，星历算数无不该览。”意思是：陆绩这个人容貌非凡，博学多识，读遍星历、算数之书。

“雄”用来形容男人雄健有力，有胆量。刘劭《人物志·英雄》：“是故聪明秀出谓之英，胆力过人谓之雄。”意思是：以智慧过人为“英”，以胆量过人为“雄”。

长

长（cháng），甲骨文写作，像头发飘散、拄着拐杖的老年人，指人的身材修长。《说文解字·长部》：“长，久远也。从兀，从匕。兀者，高远意也。”三国时代不乏身高近一米九的修长美男。《三国志》第十一卷：“管宁字幼安……长八尺，美须眉。”《三国志》第十二卷：“何夔字叔龙，陈郡阳夏人也。曾祖父熙，汉安帝

时官至车骑将军。华峤汉书曰：熙字孟孙，少有大志，不拘小节。身长八尺五寸，体貌魁梧，善为容仪。”《三国志》第五十四卷：“瑜长壮有姿貌。”

指人的身材修长，与“修”同义。从先秦时代始，人们以“长”为美。随着生活水平的提高，魏晋时代的美男子更多，不仅“长”，而且壮，并且都有具体的身高。考古资料显示，汉代古墓里挖出来的人的平均身高都超过170厘米。纵观各地出土的汉代女性陶俑，身材也多表现为修长。另据史书记载，西汉人王商高八尺余；东汉人虞延长八尺六寸，腰带十围；汉高祖长七尺八寸，约等于180厘米；韩王韩信身高八尺五寸，约等于194厘米。当时女性的身高可与男性媲美。西安市西郊汉长安城遗址出土的彩绘包头巾女佣，身材修长，线条优美，比例匀称，神态端庄恬静。

彩绘包头巾女佣

又据应劭的《风俗通义》载，东汉时选拔后宫女子的标准之一是“长状妖契有法相”。史书中记载，汉和帝的邓皇后身高七尺二寸，汉灵帝的何皇后身高七尺一寸，大约相当于165厘米。修长的身材可以呈现出轻柔纤丽的体态。

魁

魁（kuí），《说文解字 · 斗部》：“魁，羹斗也。”指男子身形魁梧高大。《北齐书 · 第二十六卷 · 补列传第十八 · 薛琡 · 敬显儁 · 平鉴》：“薛琡，字昙珍，河南人。其先代人，本姓叱干氏。父彪子，魏徐州刺史。琡形貌魁伟，少以干用称。”《北齐书 · 第十一卷 · 补列传第三 · 文襄六王》：“孝瑜容貌魁伟，精彩雄毅，谦慎宽厚，兼爱文学，读书敏速，十行俱下，覆棋不失一道。”

孝瑜

男子身材高大结实被称为“魁”，它不同于“长”，强调壮硕与匀称。

前面提及，魏晋时代的男人以病弱、清雅的女人味为美。这一时期的男性美以“秀”、“玉”、“卓”、“轩”、“爽”、“香”、“广”、“高”为代表字。

秀

秀（xiù），篆文写作，指谷物扬花抽穗，抽穗叫“秀”，不结穗叫“秃”。扬花抽穗的谷物饱满、润泽，后来形容男女的美丽。曹植的《洛神赋》：“延颈秀项，

高演

皓质呈露。”意思是：修长的脖子，饱满的后颈，呈露雪白肌肤。陆机《日出东南隅行》：“鲜肤一何润，秀色若可餐。”意思是：鲜嫩的肌肤多么滋润，美丽的容颜让人大饱眼福。《世说新语·容止》：“嵇康身长七尺八寸，风姿特秀。”《北齐书·第二十六卷·补列传第十八·薛琡·敬显儁·平鉴》：“琡形貌魁伟，少以干用称。为典客令，每引客见，仪望甚美。魏帝召而谓之曰：‘卿风度峻整，姿貌秀异。’”《北齐书·第六卷·补帝纪第六·孝昭高演》：“帝聪敏有识度，深沉能断，不可窥测。身长八尺，腰带十围，仪望风表，迥然独秀。”意思是：孝昭帝聪明敏捷有见识，为人沉稳能明断，能力不可限量。身高近一米九，腰粗十围，从外表看仪表堂堂、与众不同、一枝独秀。

“秀”的本义是指谷物扬花抽穗，最初比喻女人的秀美，如《楚辞·大招》：“容则秀雅，稚朱颜只。”到了魏晋时代兼指男人的风度和气质美。

玉

玉（yù），甲骨文写作，像一根丝绳串着四片宝石薄片，丝绳上端为绳结，本义是用丝绳串起来的珍玩宝石，后用来比喻美人。《说文解字 · 玉部》：“玉，石之美。有五德：润泽以温，仁之方也；䚡理自外，可以知中，义之方也；其声舒扬，专以远闻，智之方也；不桡而折，勇之方也；锐廉而不技，洁之方也。象三玉之连。”《世说新语 · 容止》里说：“裴令公有俊容仪，脱冠冕，粗服乱头皆好，时人以为‘玉人’。见者曰：‘见裴叔则，如玉山上行，光映照人。’”意思是：裴令公（裴楷）仪表出众，即使摘去官帽，穿着粗质衣服，头发蓬乱，也让人觉得很美，当时人们称他为“玉人”。看到他的人说：“裴叔则就像在玉山上行走，光彩照人。”《三国志》：“那人不甚好读书……生得身长七尺五寸，两耳垂肩，双手过膝，目能自顾其耳，面如冠玉，唇若涂脂。”“冠玉”就是帽子上面的玉，过去的人习惯在帽子上面镶上一块美玉，用来表示身份，其质地精良，一般纯正无瑕，故将美男子的面部形容为“冠玉”。后多以“面如冠玉”形容男子的丰润美丽。

裴令公

魏晋时代常用“玉”来比喻美人。《东城高且长》中说：“燕赵多佳人，美者颜如玉。”《东飞伯劳歌》亦云：“开颜发艳照里闾……窈窕无双颜如玉。”

卓

卓（zhuó），甲骨文写作，《说文解字・匕部》：“卓，高也。早匕为𠦝，匕卪为印，皆同义。”本义是指用网罩抓人，即抓壮丁。《世说新语・容止》：“嵇延祖卓卓如野鹤之在鸡群。”意思是：嵇延祖个子高高的，像鹤立鸡群一样突出。《北齐书・列传・文苑》：“大圣踵武，邈将千载，其间英贤卓荦，不可胜纪，咸宜韬笔寝牍，未可言文，斯固才难不其然也。”《三国志・陈矫传》：“博闻强记，奇异卓荦。”

“卓”指人身材高挑，气质超凡。成语“卓尔不群”就是形容人的气度超群。因此，“卓”的美的含义是多层面的。

轩

轩（xuān），小篆写作，《说文解字・车部》：“轩，曲辀藩车。从车，干声。”古代车子前高后低叫“轩”，前低后高叫“轾”，“轩”后来引申为“精神饱满，气度不

凡”。《北齐书 · 第十二卷 · 补列传第四》：“高平王仁英，武成第六子也。举止轩昂，精神无检格。”意思是：高平王仁英，是武成的第六个儿子，精神饱满，气度非凡。

“轩”指男人整体的精神风貌不拘一格，气宇轩昂，精神洒脱。

爽

爽（shuǎng），金文写作爽。《说文解字 · 㸚部》：“爽，明也。从㸚，从大。𤕟，篆文爽。”引申指人的相貌、神情令人愉悦。《晋书 · 桓温传》：“温豪爽有风概。”《世说新语 · 容止》：“骠骑王武子是卫玠之舅，俊爽有风姿。见玠，辄叹曰：‘珠玉在侧，觉我形秽。’”《北齐书 · 第三卷 · 补帝纪第三 · 文襄高澄》：“二年，加侍中，开府仪同三司，尚孝静帝妹冯翊长公主，时年十二，神情俊爽，便若成人。”

桓温

“爽”指男子长得清俊悦目、神情开朗，充满正能量。“爽心悦目”即是眼睛上看着舒服，心里觉得愉悦。

香

香（xiāng），甲骨文写作，《说文解字·香部》：“香，芳也。从黍，从甘。”《春秋传》曰：“‘黍稷馨香。’凡香之属皆从香。”原指谷物的清香，后指人散发的体香。晋张翰《周小史》诗曰：“香肤柔泽，素质参红。”意思是：皮肤光泽，香气四溢，白里透红。梁刘遵《繁华诗》曰：“腕动飘香麝，衣轻任好风。”意思是手腕一动，有麝香飘来，衣服轻盈，任风拂动。曹植有《美女篇》：“顾眄遗光采，长啸气若兰。”意思是：美女眼波流盼之间光彩照人，长长吟哦一声气若幽兰般芳香。

“香”是从嗅觉上形容人的美。

早在夏商时期，人们就已经开始有“香”的概念，不过那时候所谓的“香”主要指自然中的植物、瓜果香。一直到西汉出现了丝绸之路，张骞从异域带回香料后，熏香文化才开始兴盛，它逐步发展成为贵族生活的一部分，中国的达官贵人、富裕人家经常聚会来争奇斗香，这使熏香成了一种具有独特风格的艺术。

广

后周太祖

广（guǎng），甲骨文写作，像一座斜顶的房屋，《说文解字 · 广部》：“广，殿之大屋也。从广，黄声。”《北史 · 卷九 · 周本纪上第九》：“帝生而有黑气如盖，下覆其身。及长，身长八尺，方颡广额，美须髯，发长委地，垂手过膝，背有黑子，宛转若龙盘之形，面色紫光，人望而敬畏之。”意思是：北周太祖文皇帝出生时有黑气笼罩其上，覆盖其身。成人后，他身高近一米九，额头方正、宽阔，须发美好，头发垂到地上，双手长过膝盖，背部有黑色的痣，像是龙盘旋的图形，面泛紫光，让人望而生畏。

“广”又指额头开阔，古人称天庭饱满为“广额”，认为“广额”之人高瞻远瞩，心胸开阔，能成大事。

高

高（gāo），甲骨文写作、，像拔地而起、带塔楼的多层楼台，用于瞭望预警。《说文解字 · 高部》：“高，崇也。象台观高之形。从冂、口。与仓、舍同意。凡高

之属皆从高。”《北齐书·第一卷·补帝纪第一·神武高欢上》：“神武既累世北边，故习其俗，遂同鲜卑。长而深沉有大度，轻财重士，为豪侠所宗。目有精光，长头高颧，齿白如玉，少有人杰表。”这里的神武帝高欢就长着一副高颧骨。

北齐神武帝高欢

“颧”者，权也。在汉代以来的相法术中，颧骨代表着人的权力欲、领导力。一般来说，颧骨高的人相对于颧骨低的人，其权力欲、占有欲更强一些；颧骨越高，这种欲望就越强烈。因此当时的男人以颧骨高为美。

（二）局部美

史料显示，先秦人对身体的观察，首先聚焦于腰部以上的部位，如身材、头部、五官；其次是肢体、肤色与须发。这一时期，人们似乎还未关注男女美的性别差异，如能表露性别特征的胸、腰、臀、足等部位。当时描写身材的有“大”、“丰”、“壮”、“昌”、“俣”、“僚”等字，头有“硕”、“颀”等字，五官有“清”、“明”、“黛”、“皓”、“靥”、“倩”等字，肢体有

“柔”、“小”等字，肤色有“皙”、“丹”、“朱”、“雪”等字，须发美有“鬒”、“鬈”、“髦”等字。汉代之后，人们开始关注腰部，一个明显的变化是身材的“硕美”逐渐让位于“柔美”，以“修”、“长”、“纤”、“细”、“袅”、“轻”、“曼”、“瘦”等为代表字。头部的“硕”、“颀”之美逐渐被富有比例美的“端”、“正”所替代，肤色的“丹”、“朱”被“白”、“皙”、“素”所取代。

1. 身材美

大

韩信

大（dà），甲骨文写作，像张开双臂双腿、顶天立地的成年人，这说明直立行走才使人类获得审美的生理基础。《说文解字·大部》：“天大地大人亦大，故大象人形。”王筠释例：“此谓天地之大，无由象之以作字，故象人之形以作大字，非谓大字即是人也。”《诗经·陈风·泽陂》里就曾写道：“有美一人，硕大且卷。……有美一人，硕大且俨。”意思是：那里有个美人儿，身高体大又端庄。《庄子·列御寇》："美髯长大，壮丽勇敢，八者俱过人也，因以是穷。"意思是：貌美、须长、高大、魁梧，健壮、艳丽、勇武、果敢，八项长处远远胜过他人，依恃这些长处傲人，必然导致困厄窘迫。

《庄子》说："天大、地大、人亦大。""天人合一"的哲学观渗透到上古的造字活动中，古人以人为大，故"大"字像人形。人在天地间尽力伸展，表现出要上与天接、下与地接的姿态。从心理认知角度讲，"大"很容易引人注目。英国美学家威廉·荷加斯说："尺寸大的东西，即使外形并不好看，由于它形体大，也会吸引我们的注意，引起我们的赞美。"① 从功利性角度看，"大"的身体蕴含着劳动力与战斗力，因此能创造更丰厚的生存条件。

丰

丰（fēng），甲骨文写作。《说文解字·生部》："草盛丰丰也。从生，上下达也。"甲骨文"丰"和"封"同，象植树为界，且加土为形。《毛传》："丰，丰满也。"又有《说文解字·豆部》："丰，豆之丰满者

---

① ［英］荷加斯著，杨成寅译：《美的分析》，桂林：广西师范大学出版社2005年版，第27页。

> 也。”段玉裁注：“谓豆之大者也。引申之凡大皆曰丰。……许云‘豆之丰满’者，以其引申之义明其本义也。”《诗经·郑风·丰》：“之子丰兮，俟我乎巷兮。”意思是：那个高大丰满的郎君啊，在小巷子里等我。《方言》卷二：“燕赵之间，言围大谓之丰。”意思是：在燕国、赵国，大被称为丰。屈原《楚辞·招魂》：“丰肉微骨，调以娱只。”意思是：肌肤丰腴，骨骼纤细，舞姿和谐，令人欢愉。司马相如的《美人赋》：“奇葩逸丽，淑质丰光。”《后汉书·卷十上·皇后纪第十上》：“美人丰姿色，聪敏有才明，能书会计，以良家子应法相选入掖庭。”意思是：王美人姿色丰美，聪明有才，能写会算，因符合良家女子的法相而被选进宫。

“丰”本义指像植树一样，加土为形，引申指人的面貌丰满、身材高大。

壮

> 壮（zhuàng），甲骨文写作。本义是睡觉时将武器放在床边，使自己胆大放心，引申指男性的身材壮大、强健。《说文解字·士部》：“壮，大也。”《广雅》：“壮，健也。”《礼记·曲礼》：“三十曰壮。”《诗经·小雅·采芑》：“克壮其犹。”《楚辞·天问》：“何壮武

历。”《方言》卷一：“秦晋之间，凡人之大谓之奘，或谓之壮。”《战国策·魏策三》：“风萧萧兮易水寒，壮士一去兮不复还。”《汉书·息夫躬传》：“（息夫躬）容貌壮丽，为众所异。”意思是：息夫躬长得高大美丽，容貌为人所称奇。《北齐书·第十七卷·列传第九》：“斛律金，字阿六敦，朔州敕勒部人也。高祖倍侯利，以壮勇有名塞表，道武时率户内附，赐爵孟都公。”《汉书·宣元六王传·第五十》：“而宪王壮大，好经书、法律，聪达有材，帝甚爱之。太子宽仁，喜儒术，上数嗟叹宪王，辅曰：‘真我子也！’”意思是：淮阳宪王长大了，喜好经书和法律，聪明有才能，宣帝很喜欢他。太子宽厚仁慈，喜好儒术，宣帝几次赞赏宪王，说：“真是我的儿子呀！”

息夫躬

身材壮硕的人被赋予能力与品德两方面的期望，通常被视为“美人”，因此“壮丽”经常连用。

昌

昌（chāng），甲骨文写作。《说文解字·日部》："昌，美言也。从日，从曰。一曰日光也。"引申指男性的健美。《诗经·齐风·猗嗟》："猗嗟昌兮，颀而长兮。""昌"赞美鲁庄公身材英武雄壮。《诗经·齐风·还》："子之昌兮。"郑笺："佼好貌。"意思是：你的身材真美啊。

"昌"指男子身材健美。

俣

商代灰陶男舞佣

俣（yǔ），《说文解字·人部》："俣，大也。从人，吴声。"《方言》卷十三："大也。"陆德明释文为"美貌"。《诗经·邶风·简兮》："简兮简兮，方将万舞。日之方中，在前上处。硕人俣俣，公庭万舞。有力如虎，执辔如组。左手执籥，右手秉翟。赫如渥赭，公言锡爵。山有榛，隰有苓。云谁之思？西方美人。彼美人兮，西方之人兮！""俣"突出了男舞师高大魁梧的身躯。

“俣”指男子身材健壮、健美。

修

修（xiū），篆文写作。本义是条状肉干。《说文解字·彡部》：“修，饰也。从彡，攸声。”修有“修饰”之义。《广雅》：“修，长也。”后来引申为“细长”，形容人的身材、四肢、五官细长。《战国策·齐策一》：“邹忌修八尺有余。”意思是：邹忌身高超过了一米九。《汉书·外戚传》记载，汉武帝宠爱的李夫人妙丽善舞，但因病早死，武帝对她思念不已，后令画工将李夫人的形象画在甘泉宫的墙壁上，并亲自作赋哀悼，说李夫人“美连娟以修嫮兮”。可见修长的体态是当时对女性审美评价的有效标准之一。

“修”字的来源很早，据汉代《风俗通义·祀典》记载，远古的时候，水神共工的儿子名字叫修，是司管道路之神，也称“道神”和“祖神”。他为人温善，深得人心。所以后人便把“修”字与“完美”、“精进”、“整齐”等好的字眼结合在一起。北朝后期的莫高窟中还有完全承继汉代画风的作品，例如，二四九洞窟顶的狩猎图中，就有身材修长秀美的女侍，可以看出此时的审美标准逐渐由男性的壮硕向女性的柔美过渡。

纤

纤（xiān），小篆作纖，《说文解字 · 糸部》：“纤，细也。从糸，千声。”纤，纤介，有细小的意思，进而引申出女性柔弱、小巧的特性。例如，王粲《神女赋》中描述的“丰肤曼肌，弱骨纤行”、“肤柔曼以丰盈”，司马相如《上林赋》中的“妩媚纤弱”等。除了腰肢，女性的手也以“纤细”为美。例如，《焦仲卿妻》中的“指如削葱根”、《古诗十九首 · 青青河畔草》中的“纤纤出素手”等。

汉代画像石与画像砖上的美女

汉代女性的审美标准为体态轻盈，弱骨丰肌。汉代画像砖、石中的形象，无论是长袖曼舞的女子，还是吹竽抚琴的乐师，大多为细腰袅袅，轻盈欲飞。汉代著名的美女赵飞燕就是由于体态轻盈、腰肢纤细而深得汉成帝的宠爱。《飞燕外传》：“合德膏宜主幼聪悟，家有彭祖方脉之书，善行气术，长而纤便轻细，举止翩然，人谓之飞燕。”

袅

袅（niǎo），小篆作。“袅”有柔弱、缭绕的意思，通“嫋”，指柔弱细长的样子。左思《吴都赋》：“蔼蔼翠幄，袅袅素女。”南朝梁武帝《白纻辞》之二：“纤腰袅袅不任衣，娇态独立特为谁。”意思是：纤细的腰身仿佛不胜衣，以娇媚之态独自站在那儿是为了谁呢？令人联想到美女纤弱动人、高秀绝尘的神采。

改琦《红楼梦图咏》之林黛玉

与“长”、“纤”等字相比，“袅”展现的是美女行走时的动态美。“袅袅”形容女子行走时体态轻盈，突出女子身形的纤长柔美。

轻

轻（qīng），小篆作，许慎的《说文解字·车部》释义为：“轻车也。从车，巠声。去盈切。”由此可知“轻”的本义是车轻，后由“轻快、轻便”引申出女子的“轻巧、轻盈”。汉代的时尚美人，身材娇小，腰身似可握。如汉成帝的皇后赵飞燕，《赵飞燕别传》中曾描述："赵后腰骨尤纤细，善踽步行，若人手执花枝颤颤然，他人莫可学也。"《西京杂记》卷二："赵后体轻腰弱，善行步进退，女弟昭仪不能及。"《方言》卷二："奕、偞，容也。自关而西，凡美容谓之奕，或谓之偞。宋卫曰偞，陈楚汝颍之间谓之奕。奕偞皆轻丽之貌，偞音叶。"意思是：从关口（应指函谷关）以西，凡是美丽的容颜就叫"奕"或者是"偞"。宋国和卫国叫"偞"，陈国和楚国的汝（水）、颍（水）之间叫作"奕"。所谓轻丽，就是轻盈美丽的意思。

中国传统审美观念中认为，轻盈的女性给人一种柔弱、楚楚可怜的感觉，能够激起男性的保护欲，西施、赵飞燕以及林黛玉，皆是其中的代表。赵飞燕身轻若燕，能作掌上舞。相传汉成帝为赵飞燕造了一个水晶盘，令宫人用手托盘，赵飞燕则在水晶盘上潇洒自如地舞蹈，由此可见其身形的轻盈和舞蹈的功力。还有一个传说：汉宫中有个太液池，池中突起一块陆地，叫瀛洲，洲上建高榭，高达四十尺。赵飞燕穿着南越进贡的云英紫裙，碧琼轻绡，表演歌舞《归风送远之曲》，成帝以文犀箸敲击玉瓯打拍子，冯无方吹笙伴奏。歌舞正酣，忽然起了大风，赵飞燕随风扬袖飘舞，好像要乘风飞去。成帝急忙叫冯无方拉住赵飞燕。一会儿，风停了，赵飞燕的裙子也被抓皱了。从此宫中就开始流行一种叫“留仙裙”的折叠有皱的裙子。据传，成帝怕大风把赵飞燕吹跑，还特地为赵飞燕筑起了“七宝避风台”，可见其体态之轻盈。

2. 头部美

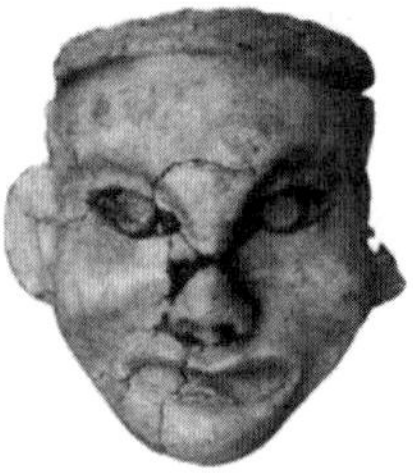

牛河梁红山文化遗址女神面相

“头”是人的重要部位，古人以头大且饱满为美。在牛河梁红山文化遗址出土的女神泥塑面相上，我们可以隐约窥见古代北方美女的轮廓：标准的鸭蛋脸，额头饱满开阔，耳朵圆润肥大，眉骨鲜明，眉毛纤长，眼珠大而圆，鼻梁高挺，嘴巴开阔，线条流畅，长得端庄大气。

（1）先秦有关头部美的字。

硕

硕（shuò），金文里写成。《说文解字·页部》：“头大也。从页，石声。”段玉裁注：“引申为凡大之称。”《玉篇·页部》：“硕，大也。”兼指男女“身材壮美。”《诗经·邶风·简兮》：“硕人俣俣，公庭万舞。”意思是：身材高大又魁梧，在公庭里面当众起舞。《诗经·唐风·椒聊》：“彼其之子，硕大无朋。”意思是：

那个人相貌健美。《诗经 · 卫风 · 硕人》："硕人其颀，衣锦褧衣。……硕人敖敖，说于农郊。"意思是：窈窕淑女体修长，披风罩在锦衣上……窈窕淑女身材高，驻马停车在城郊。《诗经 · 卫风 · 考槃》："考槃在涧，硕人之宽。独寐寤言，永矢弗谖。考槃在阿，硕人之薖。独寐寤歌，永矢弗过。考槃在陆，硕人之轴。独寐寤宿，永矢弗告。"意思是：远离尘嚣隐居到山涧之畔，伟岸的人啊心怀宽广。即使独身孤零零地度日，誓不违背隐居的高洁理想。远离世俗隐居到山岗之上，伟岸的人啊心神疏朗。即使独身冷清清地度日，誓不忘记隐居的欢乐舒畅。远离喧闹隐居到黄土高丘，伟岸的人啊心志豪放。即使独身静悄悄地度日，誓不到处哀告，不改变衷肠。

"硕"本义指雕刻在岩石上的巨大头像，后引申出身材壮美之义。

颀

颀（qí），五代徐锴《说文解字系传 · 页部》："颀，头佳貌。"《玉篇 · 页部》："颀颀然，佳也。"《诗经 · 卫风 · 硕人》："硕人其颀，衣锦褧衣。"郑玄笺："言庄姜仪表长丽俊好，颀颀然。"《诗经 · 齐风 · 猗嗟》："猗嗟昌兮，颀而长兮。抑若扬兮，美目扬兮。巧趋跄兮，射则臧兮。”意思是：哎哟！这人真健壮，身材高大又颀长。前额方正容颜好，双目有神多漂亮。进退奔走动作巧，射技实在太精良。

人面方鼎

“颀”本义指头长得俊美的人，后引申指身材修长。1959 年湖南宁乡出土人面方鼎，以写实的手法，浮雕出一位南方美女的面部特征。其眼形修长，眉骨深陷，眼珠溜圆，鼻梁略低，鼻翼肥大，颧骨微凸，嘴巴阔大，人中清晰。

（2）汉代有关头部美的字。

汉代人喜欢脸庞端正的女性。汉景帝阳陵出土的女俑个个前额开阔、面颊丰盈，脸庞呈瓜子状，看上去娇憨动人，美不胜收。辽宁大连前牧城驿东汉墓出土的女俑亦是这种脸型。汉代有关头部美的代表字有“端”和“正”，这两个字都蕴含匀称美。

端

端（duān），甲骨文写作，《说文解字 · 立部》：“端，直也。从立，耑声。”《广雅 · 释诂一》：“端，正也。”“端”有“端正”义，可以形容人五官端正。骨相端庄是汉代宫廷选美的正统标准，《后汉书 · 卷十上 · 皇后纪第十上》记载：“于洛阳乡中阅视良家童女，

年十三以上，二十以下，姿色端丽，合法相者，载还后宫，择视可否，乃用登御。”《汉书 · 外戚传第六十七》：“安素与丁外人善，说外人曰：‘闻长主内女，安子容貌端正，诚因长主时得入为后，以臣父子在朝而有椒房之重，成之在于足下，汉家故事常以列侯尚主，足下何忧不封侯乎？’”

汉代美女

正

正（zhèng），甲骨文写作。意为端正，不倾侧，形容人的面部各部分比例协调、匀称。《列女传 · 节义 · 楚成郑》：“妾闻妇人以端正和颜为容。”意思是：女人以五官端正、神情和善为美。干宝《搜神记》卷十六：“去亭六七里，有一端正妇人乞寄载。”意思是：在离亭还有六七里的路上，遇到一个长相端正的妇人要求搭车。《三国志》第五十一卷：“孙桓字叔武，河之子也。次桓，仪容端正，器怀聪朗，博学强记，能论议应对，权常称为宗室颜渊，擢为武卫都尉。”意思是：孙桓字叔武，是孙河的第二个儿子，他仪容端正，聪明，博学强记，能论议应对，孙权常称他为宗室中的颜渊，提拔他为武卫都尉。

“正”指人的五官端正，即比例适中，大小匀称。

3. 五官美

五官里最醒目的是眼睛，其次是眉毛、牙齿、嘴巴、脸颊等，先秦人尚未关注到鼻子和耳朵。形容五官美的汉字以“清”、“明”、“瞭”、“炯”、“黛”、“翠”、“眉”、“皓”、“靥”、“倩”、“方”等为代表。

（1）有关眼睛美的字。

红山陶人

五官里最醒目的部位是眼睛，以大而圆、明亮有神为美。孟子将人的眼睛当成洞悉人心灵世界的窗口。《孟子 · 离娄上》说：“存乎人者，莫良于眸子。眸子不能掩其恶。胸中正则眸子瞭焉，胸中不正则眸子眊焉。”意思是：观察一个人，没有比观察他的眼睛更好的办法了。眼睛掩藏不了他（内心）的邪恶。心胸正直，眼睛就明亮；心胸不正，眼睛就浊暗。画家将眼睛看成最来神的部位。《淮南子 · 精神训》说：“夫孔窍者，精神之户牖也。”也就是说人的眼、耳、口、鼻等器官，是人的内在生命向外敞开的窗户。刘义庆《世说新语 · 巧艺》说：“顾长康画人，或数年不点目睛。人问其故，顾曰：‘四体妍蚩，本无关于妙处，传神写照，正在阿堵中。’”2012 年内蒙古红山出土的红山陶人面部五官清晰，神态逼真，额顶饱满，眼眶周围内凹，双目呈圆形，炯炯有神，双眉及眼球施黑彩。

清

清（qīng），《说文解字 · 水部》：“清，朖也。澂水之貌。从水，青声。”用水的清澈来比喻人的眼睛清澈明亮。《诗经 · 齐风 · 猗嗟》：“猗嗟名兮，美目清兮。”意思是：啊，长得多英俊啊，眼睛多清澈啊。

《黄帝内经》认为肝主目，眼睛明亮代表肝脏健康。

明

明（míng），甲骨文写作。又作朙，《说文解字 · 朙部》：“朙，照也。从月，从囧。凡朙之属皆从朙。”《孟子 · 梁惠王上》：“明足以察秋毫之末。”意思是：眼睛明亮视力好，连秋天鸟兽身上新长的细毛都看得清。

汉武帝钩弋夫人

曹植《洛神赋》："明眸善睐，靥辅承权。"意思是：明亮的眼睛顾盼有神，面颊上有甜美的酒窝。

"明"指眼睛明亮。

瞭

瞭（liáo），《周礼》："眂瞭三百人。"宋玉《神女赋》："眸子炯其精朗兮，瞭多美而可观；眉联娟以蛾扬兮，朱唇的其若丹。"意思是：她的美眸炯炯放光，明亮的眼珠流转有神。弯弯的细眉像蚕蛾飞扬，鲜亮的红唇似点过朱砂。《孟子·离娄上》曰："存乎人者，莫良于眸子。眸子不能掩其恶。胸中正则眸子瞭焉；胸中不正则眸子眊焉。听其言也，观其眸子，人焉廋哉？"这就说明了想观察一个人的时候，应注意观察他的眼睛，因为从他的眼睛中就能察觉到其行为之善恶，故察人之学问在于观其眸子。

"瞭"指眼珠明亮。孟子将人的眼睛看成心灵世界的窗口，认为正气的人眼睛明亮，心术不正的人眼睛浊暗。

炯

炯（jiǒng），《说文解字 · 火部》：“光也。”《仓颉篇》：“炯，明也。指人的眼睛明亮。”宋玉《神女赋》：“眸子炯其精朗兮，瞭多美而可观。”《二十四史 · 金史卷 · 一百三十一 · 列传 · 第六十九 · 宦者》：“子亢，寡言笑，不妄交。尝与一学生终日相对，握筹布画，目炯炯若有所营，见者莫测也。”意思是：子亢寡言少语，不苟言笑。曾经与一个学生成天相对，在画布上布局，目光炯炯，似乎要画什么，看到的人觉得他深不可测。

“炯”即目光炯炯。

（2）有关眉毛美的字。

黛

黛（dài），古代妇女画眉用的青黑色的颜料。《释名 · 释首饰》：“黛，代也。灭眉毛去之，以此画代其处也。”《正字通 · 黑色》：“黛，山色，树色青黝者谓之黛。”即青黑色，后来成为妇女眉毛的代称。《楚辞 · 大招》：“粉白黛黑，施芳泽只。”王逸注：“黛，画眉鬟黑而光净。”南朝梁元帝《代旧姬有怨》：“怨黛舒还敛，啼红拭复垂。”《西京杂记》：“赵飞燕为妹合德修发，号新兴髻；为薄眉，号远山黛。”《玉京记》：“卓文君色不加黛，如远山。人效之，号远山眉。”《红楼梦》里的女主人公就因“两弯似蹙非蹙罥烟眉”而名为“黛玉”。

从文献记载来看，最早的画眉材料是黛。为使眉目分明、容貌美丽，先秦时的女子用一种青黑色颜料——“黛”画眉毛，所画式样繁多。黛是一种黑色矿物，也称“石黛”。描画前必须先将石黛放在石砚上磨碾，使之成为粉末，然后加水调和。磨石黛的石砚在汉墓里多有发现，说明这种化妆品在汉代就已经使用了。后来“黛”转指眉毛的颜色。到西汉时期，妇女纷纷把眉画得很阔，并把这种眉叫作“广眉”，又叫“吕后眉”。唐代妇女画眉只画一半，虽然阔，但并不长，像贴上去的两片桂叶，所以又叫“桂叶眉”。到唐玄宗时，杨贵妃以纤细弯曲的蛾眉为美，直到今天，蛾眉仍是妇女们喜欢的一种眉毛样式。

点翠首饰

翠

翠（cuì），篆文写作。《说文解字·羽部》：“翠，青羽雀也。出郁林。从羽，卒声。”宋玉的《登徒子好色赋》：“眉如翠羽。”说明在这一时期，妇女在画眉的“黛”里加进了绿色，将眉毛画成青绿色，宛如翠鸟的羽毛，所以又叫“翠眉”。

“翠”本义是指生活在水边、绿羽短尾的鸟，后来比喻女性的眉毛如翠鸟的尾巴一样青翠修长。

眉

眉（méi），《释名·释形体》：“眉，媚也，有妩媚也。”汉宣帝时京兆尹张敞专心致志地为妻画眉，京师流行起“张京兆眉怃”的谚语。史籍中也留下了汉武帝刘彻“令宫人扫八字眉”、“桓帝元嘉中，京都妇女作愁眉”等记载。

女子描眉图

对于汉代女性来说，眉毛有着特殊的魅力，是表情达意的重要器官，因而黝黑细长的眉毛是女性美的必要条件。考古实物中，马王堆汉墓出土的侍女俑无不是面容清秀，描画着细长黑眉的。

（3）有关牙齿美的字。

皓

皓（hào），《小尔雅》：“皓，白也。”《诗经·唐风·扬之水》："白石皓皓。"本义是石头白，后来引申指人的牙齿洁白。《韩非子·杨权》："曼理皓齿。"意思是：细腻的肌肤，洁白的牙齿。《淮南子·修务训》："曼頰皓齿，形夸骨佳，不待脂粉芳泽而性可说者，西施、阳文也。"意思是：肤色细腻、牙齿洁白、体态柔美、骨架匀称，不施脂粉就能让姿态容貌迷人的，只有西施和阳文。《汉书·司马相如传》："皓齿粲烂，宜笑的皪。"意思是：洁白的牙齿很明亮，笑起来很美丽。《先秦汉魏晋南北朝诗·魏诗》卷九《嵇康·酒会诗》："临川献清酤，微歌发皓齿。"意思是：在河水边献上清酒，歌声从洁白的牙齿缝间传出。曹植《洛神赋》："丹唇外朗，皓齿内鲜。"意思是：在明亮的丹唇里，洁白的牙齿鲜明呈现。

"皓"本义是指石头洁白，后常常用来比喻牙齿洁白。在三千年前，我国古代人民就已用酒、醋、盐水、茶及温水等漱口剂来清洁口腔、保持牙齿洁白。春秋时期的《礼记》上有"鸡初鸣，咸盥漱"的记载。

（4）有关酒窝美的字。

靥

靥（yè），《说文解字·面部》："靥，姿也。从面，厌声。”《楚辞·大招》：“靥辅奇牙，宜笑嗎只。”《淮南子·说林训》：“靥辅在颊前则好。”意思是：脸颊有酒窝很美。曹植《洛神赋》：“靥辅承权。”意思是：两个美丽的酒窝隐现在脸颊。徐陵的《〈玉台新咏〉序》中也有“北地胭脂，偏开两靥”的赞语。

酒窝是美女的亮点，给上古的“静女”平添了几分妩媚的动感。有酒窝的人不多，因此女性以此为贵，唐代甚至发明了人造酒窝的化妆术。元稹《恨妆成》：“满头行小梳，当面施圆靥。”所谓“当面施圆靥”，就是用某种化妆品在嘴角两边各加一个小点，取“两颊点妆靥”之意，仿若“笑窝”。

倩

倩（qiàn），甲骨文写作，笑靥美好貌。《广韵·霰韵》：“巧笑貌。”《类篇·人部》：“倩，美也。”《字汇·人部》：“倩，美笑貌。”《毛传》：“倩，好口辅。”《诗集传》：“倩，口辅之美也。”《诗经·卫风·硕人》：“巧笑倩兮，美目盼兮。”意思是：美女笑起来酒窝迷人，皓齿微露。

“倩”形容巧笑时有一对酒窝，又微露洁白的牙齿的样子。酒窝本是女人得天独厚的美姿，兼之皓齿如见，两美俱全，更令美女笑意盎然，姿色迷人。

(5) 有关嘴巴美的字。

方

方 (fāng)，甲骨文写作,《说文解字 · 方部》: “方，并船也，象两舟省总头形。”后来指方正的四边形的形象。古人认为额头、嘴巴方正开阔是美的。《后汉书 · 卷十上 · 皇后纪第十上》:“(马皇后) 即正位宫闱，愈自谦肃。身长七尺二寸，方口，美发。”意思是: 马皇后成为正宫娘娘以后，更加虔敬肃穆，身高一米七左右，嘴巴方正，头发美丽。《北史 · 卷九 · 周本纪上 · 第九》:“帝生而有黑气如盖，下覆其身。及长，身长八尺，方顙广额……”“方顙”指方方正正的额头。

“方”又指嘴巴长得方方正正。汉代人认为方额、方唇、大口是富贵之相。

4. 肢体美

(1) 有关手美的字。

手，如同面孔一样，是美丽的决定要素之一，也是美女们很关注的部位。女性的手白皙柔嫩，透露出其身份地位高的信息。

柔

柔（róu），篆文写作，本义是富有弹性、适宜做矛枪长柄的木材。《说文解字 · 木部》：“柔，木曲直也。从木，矛声。”后来引申指事物柔和、富有弹性。《诗经 · 卫风 · 硕人》：“硕人其颀，衣锦褧衣。……手如柔荑，肤如凝脂，领如蝤蛴，齿如瓠犀。”“荑”是白茅之芽，“手如柔荑”形容手的柔软、白嫩、圆润。陆游的《钗头凤》也有“红酥手，黄藤酒”的描述。

宋人摹《女史箴图》

素

素（sù），金文写作，《说文解字 · 素部》：“素，白致缯也。从糸、𠂹，取其泽也。凡素之属皆从素。”《古诗十九首 · 青青河畔草》：“娥娥红粉妆，纤纤出素手。”曹植有《美女篇》曰：“攘袖见素手，皓腕约金环。”意思是：撩开衣袖见到洁白的手腕，金色的环戴在如玉的手臂上。

“素”本指洁白的丝织品，后用来比喻女性的手洁白纤细、柔软而富有光泽，反映了手的颜色、光泽与柔韧度。

（2）有关腰美的字。

先秦女子虽以壮硕为美，但并非崇尚“上下一条线”的“水桶腰”，美女们的腰肢依然要纤细柔美、结实有力。据说楚灵王要求男士也要腰细，害得大臣们饿得面黄肌瘦。《墨子·兼爱中》对此有记载：“昔者，楚灵王好士细腰。故灵王之臣，皆以一饭为节，胁息然后带，扶墙然后起。比期年，朝有黎黑之色。”

小

小（xiǎo），甲骨文写作，《说文解字·小部》：“小，物之微也。”《楚辞·大招》：“小腰秀颈，若鲜卑只。”纤细的腰肢被称为“小蛮腰”。

细

细（xì），小篆写作，《说文解字·糸部》释义为：“细，微也。从糸，囟声。”本义是“深思入微”，后转义为“微小”。《文选·扬雄·解嘲》中“东方朔割炙于细君”的“细君”，即是妻子的贱称。由“微小”进而引申出了“纤细、柔嫩”的意思。徐陵的《〈玉台新咏〉序》中也提到：“楚王宫内无不推其细腰。”温庭筠

《杨柳枝》之三："黄莺不语东风起，深闭朱门伴细腰。"秦醇的《赵后遗事》也说："赵后腰骨尤纤细，善踽步行，若人手执花枝颤颤然，他人莫能学也。"

汉代细腰舞

纤细的腰身尤能体现女性的曲线美，给人一种美妙、柔顺的感觉。因而"细腰"也成为美女的代称。"踽步"是汉代赵飞燕独创的技巧，这种舞步在进退中都有一种飘拂之感，但需要用高超的"用气"和"运气"技巧来控制呼吸，才能使舞姿轻盈优美。

5. 肤色美

人的肤色是身体状况的外在表现，渴求壮硕的上古人自然崇尚健康的肤色。据《礼记·檀弓》记载："夏后氏尚黑，殷人尚白，周人尚赤。"即夏朝人崇尚肤黑，商代人以肤白为美，周朝人则喜欢白里透红。而汉代以后以白皙为美。殷纣王时期，已有"涂脂抹粉"的习俗，人们使用的化妆品"燕脂"能起到"面如桃花"的美容效果。女性学会涂白粉、搽胭脂，使肤色红白辉映，光彩照人。《诗经·周南·桃夭》中说："桃之夭夭，灼灼其华。之子于归，宜其室家。桃之夭夭，有蕡其实。之子于归，宜其家室。桃之夭夭，其叶蓁蓁。之子于归，宜其家人。"诗中反复出现的"桃之天天"正是将女性的肤色比作三月的桃花那样粉红透亮。到了汉代，女子的户外劳动减少，肤色以白皙为美。肤色美以"丹"、"朱"、"雪"、"粉"、"皙"、"白"为代表字。

丹

丹（dān），甲骨文写作,《说文解字·丹部》："丹，巴越之赤石也。象采丹井，一象丹形。""丹"，是巴蜀、吴越地带的赤色矿石。字形像采丹的井口，其中的一点表示赤色矿石。《尚书·禹贡》："砺砥砮丹。"《周礼·秋官·职金》："职官掌凡金、玉、锡、石、丹、青之戒令。"《慧琳音义》第二十七卷："丹枕。"《说文解字系传》："以赤为主，黑白皆丹之类，非主丹也。"《诗经·秦风·终南》："颜如渥丹，其君也哉!"渥丹指"润泽的朱砂"，形容秦襄公面容俊朗红润。《焦仲卿妻》："口如含朱丹。"意思是：嘴唇鲜红，像含着朱砂。

秦襄公

所有与"丹"相关的字，都采用"丹"作偏旁，看来古人早就偏爱红色。古代男子以脸色红润为美，女子以唇色红润为美。贾兰坡说："（北京人）所有装饰品的穿孔，几乎都是红色，好像是他们的穿戴都用赤铁矿染过。”① 李泽厚深入揭示这种现象的根源：“追溯到山顶洞人‘穿戴都用赤铁矿染过’、尸体旁撒红粉，‘红’色对于他们就已不只是生理感受的刺激作用，而是包含着、提供着某种观念含义。原始人群之所以染红穿戴、撒抹红粉，已不是对鲜明夺目的红颜色的动物性的生理反应，而开始有其社会性的巫术礼仪的符号意义在。”② 后来人们用“丹”作化妆品，涂抹脸蛋或嘴唇。

朱

朱（zhū），甲骨文写作，就是“大红色”的意思。朱是周代的正色。《论语 · 阳货》：“恶紫之夺朱也。”意思是：（我）厌恶用紫色顶替红色。按照皇侃在《论语义疏》中的说法，古代传统认为“朱”是代表南方的正色。而“紫”是所谓的“间色”，是由正色“朱”和正色“黑”混合而成的颜色，不是正色。《诗经 · 豳风 · 七月》说：“我朱孔阳，为公子裳。”意思是：我染的红色最鲜艳，替那贵族做衣裳。屈原《楚辞 · 大招》：“朱唇皓齿，嫭以姱只。”意思是：鲜红的双唇，雪白的牙

① 贾兰坡著：《“北京人”的故居》，北京：北京出版社 1958 年版，第 41 页。

② 李泽厚著：《美的历程》，天津：天津社会科学院出版社 2004 年版，第 10 页。

齿，形容容貌美丽。《楚辞·招魂》：“美女既醉，朱颜酡些。”意思是：美人已经喝得微醉，红润的面庞更添红光。

古代女性以气血充沛，脸庞、嘴唇红润为美。

雪

唐张萱《捣练图》局部

雪（xuě），甲骨文写作，《说文解字·雨部》：“雪，凝雨说（悦）物者。从雨，彗声。”“雪”为形声字，后来引申指“白色”。宋玉在《登徒子好色赋》中描绘邻家女说：“眉如翠羽，肌如白雪。”意思是：眉毛像翠鸟的羽毛一样纤细，肌肤如雪一样洁白。杜甫在名篇《北征》中写道：“平生所娇儿，颜色白胜雪。”

从商代开始，男女皆以肤白为美，肤白成为贵族与黎民的区别之一。俗话说：“一白遮百丑。”审美之道，在于追求差异。白色人种喜欢将皮肤晒成深色，有色人种则在白色与美之间画上了等号，将“肌肤如雪”作为美貌女子的必备条件之一。因此，女性通过抹粉、服药、敷面膜、沐浴等多种方法，千方百计来求得雪白肌肤，也有男性爱好此道。

粉

汉代女性陶俑

粉（fěn），化妆用的粉末。《说文解字·米部》：“粉，傅面者也。从米，分声。”徐锴《说文解字系传》：“古傅面亦用米粉。故《齐民要术》有傅面英粉，渍粉为之也。又红染之为红粉。烧铅为粉，始自夏桀也。”《急就篇》第三章：“芬薰脂粉膏泽筒。”颜师古注：“粉谓铅粉及米粉，皆以傅面取光泽也。”宋玉《登徒子好色赋》：“东家之子……著粉则太白，施朱则太赤。”意思是：搽粉就太白了，搽胭脂就太红了，是说这名女子长得很好看，肤色匀称，恰到好处。《古诗十九首·青青河畔草》：“娥娥红粉妆，纤纤出素手。”唐代张祜《集灵台·其二》：“虢国夫人承主恩，平明上骑入宫门，却嫌脂粉污颜色，淡扫蛾眉朝至尊。”

《博物志》记：“纣烧铅作粉。”商纣王时代，古人就已开始烧铅作粉，用于妇女美容化妆了。铅粉最初叫作宫粉，由于它取自铅，所以又叫铅华。后来，人们又把香料与铅粉合在一起，制成香粉。曹植在《洛神赋》中有“芳泽无加，铅华弗御”之句。后来，“粉”用来形容肤色白皙、光滑、洁净。汉代女性陶俑周身都涂了细细的白粉。

皙

皙（xī），篆文写作。《说文解字 · 白部》：“人色白也。从白，析声。”《晏子春秋 · 内篇 · 谏上第一》：“汤质皙而长。”意思是：商汤长得很白净。《诗经 · 鄘风 · 君子偕老》：“玉之瑱也，象之揥也，扬且之皙也。”意思是：美玉耳饰摇又摆，象牙发钗头上戴，额角白净溢光彩。《毛传》：“皙，白皙。”《乐府诗集 · 陌上桑》：“为人洁白皙，鬑鬑颇有须。”意思是：他皮肤洁白，有一些胡子。《汉书 · 霍光传》：“光为人沈静详审，长才七尺三寸，疏眉目，美须髯，白皙。”意思是：霍光为人沉着冷静、细致慎重，身高达七尺三寸，眉、眼分得很开，须髯很美，皮肤白皙。

商汤

商代以白为美，史书记载，商汤长得很白净。自汉之后的历代男女皆以白皙为美。如马王堆一号汉墓女歌俑面敷白粉，就是汉代人现实生活的展示。汉代木俑面部雕成后敷上一层细腻匀净的白色粉末（极少涂以肉红色），体现了当时的风尚——敷白粉，即人们以体白如玉、面如凝脂为美。

白

白（bái），甲骨文写作，《说文解字 · 白部》：“白，西方色也。阴用事，物色白。从入合二。二，阴数。凡白之属皆从白。”《晋书 · 王衍传》：“王夷甫容貌整丽，妙于谈玄，恒捉玉柄麈尾与，手都无分别。”《世说新语 · 容止》：“何晏美姿仪，面至白。魏明帝疑其傅粉。正夏月，与热汤饼。既啖，大汗出，以朱衣自拭，色转皎然。”意思是：何晏容貌俊美，脸很白。魏明帝（曹睿）怀疑他搽了粉。当时正是夏季，魏明帝给他热汤面吃。何晏吃完后，大汗淋漓，就用自己的红色公服擦脸，脸色变得更加洁白。

魏晋南北朝时期的男性以肤白为美，何晏是三国时期著名的美男子，他以肤白貌美而闻名当时。

6. 须发美

从生理学的角度来说，头发、胡须的黑亮、浓密程度与其发育状况密切相关。发育好，须发就会黑亮浓密。古代女性以发黑、发亮为美，男性以长发、浓须为美。从社会学角度来说，在传统文化中，头发还代表着一种礼仪，是礼貌、文明的象征。男子满二十岁要行冠礼，女子满十四岁要行及笄之礼，就是通过发式的改变来标示一个成熟阶段的到来。《孝经》云："人之发肤，受之父母，不敢毁。孝之始也。"

在刑法刚刚设立的时候，髡刑是最严厉的刑罚之一，所谓髡刑，就是剃光犯人的头发。三国时期，曹操发兵宛城时规定："大小将校，凡过麦田，但有践踏者，并皆斩首。"这样，骑马的士卒都下了马，仔细地扶麦而过。可是，曹操的马却因受惊而践踏了麦田。他很严肃地让执法官员为自己定罪。他拿起剑割发，并传示三军："丞相踏麦，本当斩首号令，今割发以代。"人们出于对头发的重视，也很重视对头发的修理。《诗经·小雅·采绿》云："予发曲局，薄言归沐。"意思是：当头发卷散蓬乱之时，快去把它梳洗一番。据《颜氏家训》记载，南朝的贵族弟子都削发剃面，理发业也已经相当发达。头发美以"鬒"、"鬈"、"髦"、"髾"、"髯"、"须"为代表字。

鬒

鬒（zhěn），头发又黑又密称为鬒。《毛传》："鬒，黑发也；如云，言美长也。"意思是：长长的头发如云，如瀑布，如黑夜，具有飘逸之美。《诗经·鄘风·君子偕老》中说："鬒发如云，不屑髢也。"

改琦《仕女图》发式

"鬒"意为头发浓密而黑，"髢"意为假髻。由于头发的重要性，戴假发曾经是一种时尚。但是，如果本身有一头浓密的美发，还用戴假发吗？短短几句话，渲染了一种发自内心的骄傲感。正是在这种语境中，我们可以看出长发成为美的象征。《左传 · 昭公二十八年》："昔有仍氏生女，鬒黑而甚美，光可以鉴，名曰玄妻。"杜注："美发曰鬒。"意思是：古时候有个仍氏家的女儿，头发黝黑，很美，发亮如镜可照人，名叫玄妻。

鬈

鬈（quán），指美发，特指弯曲的头发。《说文解字 · 髟部》："鬈，发好也。从髟，卷声。"《集韵 · 阮韵》："髮曲貌。"《广韵》："丘圆切。"《集韵》："驱圆切，音棬。"两者意

《孙子兵法》的作者孙武

思相同。《诗经·齐风·卢令》:“卢令令,其人美且仁。卢重环,其人美且鬈。”《毛传》:“鬈,好貌。”意思是:黑犬颈圈叮当响,猎人英俊又善良。黑犬脖上套双环,猎人英俊又发美。《管子》:“百工商贾不得服长鬈貂。”《礼记·杂记》:“燕则鬈首。”孔颖达疏:“谓分发为鬌紒也。”又《类篇》:“一曰发曲也。”卷发成为美的代名词。

美既追求整齐划一,也讲求变换。也许在古人看来,有点曲线变化的发型更有魅力。这与西方的“曲线美”心有灵犀,异曲同工。英国画家威廉·荷加斯在《美的分析》中说:“请注意:在最优美的形体上,直线最少。”

髦

髦(máo),篆文写作。《说文解字·髟部》:“髦,发也。从髟,从毛。”“髦”是一种饰品,本来用于“事父母”,所以《礼记·玉藻》强调“亲没不髦”,也就是说,父母死后,“髦”这种发饰就不能戴了。《诗经·鄘风·柏舟》:“髧彼两髦,实维我仪。”《尔雅·释言》解释道:“毛中之长毫谓之髦。士中之俊者如毛中之髦。”《诗经·大雅·思齐》:“誉髦斯士。”《诗经·小雅·甫田》:“烝我髦士。”《仪礼·士冠礼》:“髦士攸

宜。”《礼记·内则》：“将御者，齐漱浣，慎衣服，栉縰笄，总角，拂髦，衿缨，綦屦。虽婢妾，衣服饮食，必后长者。妻不在，妾御莫敢当夕。”

“髦”后来引申指“男士的俊美”。

汉代人认为具有一头乌黑亮丽的秀发是美女必不可少的条件之一，浓密的胡须则是美男子的标志。从杨家湾汉墓、汉景帝阳陵、马王堆汉墓等处出土的女俑来看，她们都有着一头浓密有光泽的秀发。《太平御览》记载：“上（汉武帝）观其（卫子夫）发鬓，悦之。”

髻

髻（jì），《陌上桑》：“头上倭堕髻，耳中明月珠。”《后汉书·马廖传》说：“城中好高髻，四方高一尺；城中好广眉，四方且半额；城中好大袖，四方全匹帛。”刘禹锡《无题》：“高髻云鬟新样妆。”

坠马髻

汉代的女子通过对头发的修饰把自己打扮得娇媚多情，顾盼生姿。乐府诗中就描绘了多种不同的女子发式。如“坠马髻”，是古代女子发髻中的一种，它是当时最具特色，也是历史上最富有生命力的一种发式。如今我们在西安任家坡西汉墓出土的陶俑上、湖北江陵凤凰山出土的彩绘木俑上都能见到汉代“坠马髻”的形象。

髯

霍光的美髯

髯（rán），《释名·释形体》：“在颊耳旁曰髯，随口动摇冉冉然也。”就是指胡须。《史记·高祖本纪》里说：“高祖为人，隆准而龙颜，美须髯，左股有七十二黑子。”《汉书·霍光金日磾传第三十八》：“光为人沉静详审，长才七尺三寸，白皙，疏眉目，美须髯。”《三国志》第十四卷：“程昱字仲德，东郡东阿人也。长八尺三寸，美须髯。”

王力说：“胡子长得好，算是美男子的特点之一。”古人崇尚胡须美，认为它不仅可以增添人的容貌美，还是个人才智和风度的象征。谢灵运临死前亲手剪下胡须赠给一名僧人，到了唐中宗时期，他的胡须落到了安乐公主手上，被安乐公主视为珍宝收藏。

须

须（xū），甲骨文写作，《说文解字·须部》：“面毛也。从页，从彡。凡须之属皆从须。”“页”指人头；“彡”为“三”的变形，意为“多”。“页”与“彡”联合起来组成“须”，本义指人头上毛发多，后特指胡子。因古时男子以胡须、眉毛稠秀为美，故“须眉”成为男子的代称。曹雪芹《红楼梦》：“我堂堂须眉，诚不若彼裙钗。”《三国志》第十二卷：“崔琰字季珪，清河东武城人也。琰声姿高畅，眉目疏朗，须长四尺，甚有威重，朝士瞻望，而太祖亦敬惮焉。”《三国志》第十一卷：“管宁字幼安……长八尺，美须眉。”《三国志》第十四卷：“程昱字仲德，东郡东阿人也。长八尺三寸，美须髯。”《三国志》第四十九卷：“慈长七尺七寸，美须髯，猿臂善射，弦不虚发。”

秦始皇

通过胡须的样子可以看出人的一些性格特点。比如张飞的胡须呈张开状，这种张开长的胡须属于气太冲、生发过度之象，这种人的性格比较粗犷、豪放，理性不足，比较情绪化。关公号称“美髯公”，胡须很长很漂亮，这种人先天元气很足，气血也非常足，这种人的性格特点就是比较柔顺，比较忠厚，特别讲义气，善良，不会过度地争强好胜，比较可靠。《黄帝内经》里还提到过一种天生不长胡须的人，叫作天宦，这种人的气没冲到脸上来，说明他收敛的功夫特别强，这种人的性格特点是心计比较多，老谋深算，什么东西都藏得比较深。

三、人的品性美及相关汉字

（一）男性的品性美

先秦至魏晋，男性的品性美可分为统治阶级的品性美与被统治阶级的品性美两类。

1. 统治阶级的品性美

在男权社会中，男性要修身、齐家、治国、平天下，甚至要实现立功、立德、立言“三不朽”。与“主内”的女性相比，男性更需要表现出外在的力量。男性也分布于不同的阶级，因此，相应的美德标准也各不相同。如果说被统治者的美德是服从，那么，统治者则要时刻展现出威严和力量。落实到语言层面，我们可以从字词的分化轨迹中发现身体美学的形成规律。周代统治阶级的美育，很大程度上是从培养“威仪”、“令仪”出发的。“威”、“赫”、“强”、“令”、“皇”、“奕”、“俨”、“仁”、“宽”、“容”、“英”、“特”、“彦”、“懿”、“武”即为代表字。

威

威（wēi），金文写作。《说文解字·女部》："威，姑也。从女，从戌。汉律曰：'妇告威姑。'"《尔雅·释言》："威，则也。"（注：则，铡也）意思是："威"就是"规则"。《大戴礼记·少闲》："以示威于天下也。"《礼记·学记》："收其威也。武也。"《楚辞·大招》："先威后文。"这里是说治理国家、社会，先以威力，后用文治。《易·系辞下》："以威天下。"《左传·襄公三十三年》："有威而可畏者谓之威，有仪而可象谓之仪。"意思是：让人害怕的威严才叫威严，让人膜拜的仪容才叫仪容。《史记·平原君虞卿列传》："有而可畏谓之威。"《三国志》第六卷："绍有姿貌威容，能折节下士，士多附之，太祖少与交焉。"《三国志》第五十二卷："昭容貌矜严，有威风。"意思是：张昭容貌矜持严肃，很有威风。《韩诗外传》卷六详细地对"威"进行了分类："威有三术：有道德之威者，有暴察之威者，有狂妄之威者，此三威不可不审察也。何谓道德之威？曰：礼乐则修，分义则明；举措则时，爱利则刑。如是，则百姓贵之如帝王，亲之如父母，畏之如神明。故赏不用而民劝，罚不加而威行，是道德之威也。"

"威"本义是对不贞女子施刑，警示其遵守妇道，后来引申指男性的威仪。《论语·学而》：“君子不重则不威。”孔子说君子不庄重就没有威严，更没有威望。威仪观的本质在礼，人的貌象声色、行为举止，处处展现礼。

赫

赫（hè），篆文写作赫。《说文解字·赤部》：“赫，火赤貌。从二赤。”《小尔雅·广诂》：“赫，明也。”意思是：“赫”，就是“光明”。《诗经·卫风·淇奥》：“赫兮晅兮。”意思是：（高雅先生）地位显赫，更显威严。《诗经·大雅·生民》：“以赫厥灵。”这里是说未出生的后稷已经显露出大灵光。《诗经·小雅·节南山》：“赫赫师尹，民具尔瞻。”这句诗告诫说：威风凛凛的太师尹，人民都看着你啊。

汉光武像

“赫”本义是“红彤彤”，传递出颜色与光亮两个信息，烘托人的健康红润、光彩照人，后来引申指威风凛凛的样子。

强

强（qiáng），篆文写作。《说文解字 · 弓部》：“强，弓有力也。”《广韵》：“强，健也。”指人身体健壮、意志坚强。《书 · 皋陶谟》：“强而义。”意思是：坚强而又善良。《国语 · 晋语》：“申生甚好仁而强。”这里是讲申生为人很仁义而且刚强。《礼记 · 曲礼》：“四十曰强，而仕。”意思是：男人到了四十岁才算强大，再去做官。《汉书 · 李广苏建传》：“以强壮出。”意思是：（苏武）在强壮之年出使。《后汉书 · 苏竟传》：“良医不能救无命，强梁不能与天争。”意思是：良医不能挽救已经失去性命的人，勇武有力的人不能与天抗争。

《易经》：“天行健，君子以自强不息。”意思是：天（即自然）的运动刚劲强健；相应地，君子处事，也应像天一样，自我力求进步，刚毅坚卓，发奋图强，永不停息。《国语》中记载的春秋五霸之一的晋文公重耳，青年时代被后母和父亲迫害，在外逃亡 19 年，70 多岁才回国做国君，把晋国打造成中原霸主，他也因此成为强悍男性的典范。

令

令（lìng），甲骨文写作，本义是上级向下级开口发话，作出权威性的指示。《说文解字 · 卩部》：“令，发号也。从亼、卩。”后引申出美好之义。《诗经 · 大雅 · 假乐》：“假乐君子，显显令德，宜民宜人。”意思是：周成王美好又快乐，品德显著又高尚，能安人民用贤良。《诗经 · 小雅 · 湛露》：“显允君子，莫不令德。”意思是：坦荡诚信的君子，无不具有美善德操。

周成王

“令”是美好的意思。古人常常赞颂“君子”具有“令德”的品质，即君子拥有美好的品德。因此“令”也成为男性品性美的代表字之一。

皇

皇（huáng），金文写作。像人头上戴着一顶闪闪发光的帽子。《说文解字 · 王部》：“皇者，大也。”后来引申指男性光彩照人的样子。《广雅 · 释诂一》：“皇，美也。”《白虎通义》：“君也，美也，大也。天人之总，美大之称也。”《诗经 · 大雅 · 假乐》：“穆穆皇皇，宜君宜王。”这里是说周宣王既端庄又坦荡，理应被天下称

周宣王

作君王。《诗经 · 大雅 · 皇矣》：“皇矣上帝，临下有赫。”意思是：帝皇伟大而又辉煌，洞察人间且慧目明亮。《荀子 · 大略》：“穆穆皇皇，有光仪也。”《楚辞 · 九歌 · 云中君》：“灵皇皇兮既降，云中君猋远举兮云中。”意思是：神光闪闪，你从天而降，又疾速高飞重返天上。

“皇”本义是光亮而美，引申指人的端庄、辉煌，展现的是流光溢彩的神圣崇高之美。

奕

奕（yì），《说文解字 · 大部》：“奕，大也。从大，亦声。”《诗经 · 大雅 · 韩奕》曰：“奕奕梁山。”意思是：巍巍梁山多高大。《方言》卷二：“自关而西，凡美容谓之奕。”《方言》卷二郭璞注：“奕偞皆轻丽之貌。”王妙晖《造释迦像记》：“奕奕神采。”

“奕”指美丽有神采。

俨

俨（yǎn），金文写作。《说文解字·人部》：“俨，昂头也。从人，严声。一曰好貌。”《论语》：“望之俨然。”《尔雅·释诂》：“俨，敬也。”意思是：“俨”就是“庄重、恭敬”。《礼记·曲礼》：“俨若思。”意思是：神态要严肃、庄严，如同沉思的样子。《诗经·陈风·泽陂》：“有美一人，硕大且俨。”意思是：有个英俊的男子，身材高大多端庄。《韩诗外传》卷三：“受命之士，正衣冠而立，俨然人望而信之，其次闻其言而信之，其次见其行而信之。既见其行，而众皆不信，斯下矣。诗曰：‘慎与言矣，谓尔不信。’”

“俨”形容人的样子很庄重，给人稳重、可信赖之感。

仁

仁（rén），甲骨文写作。《说文解字·人部》：“仁，亲也。从人，从二。”《诗经·郑风·叔于田》曰：“洵美且仁。”意思是：（阿叔）实在英俊又仁爱。《诗经·齐风·卢令》曰：“其人美且仁。”意思是：猎人英俊而且仁爱。这两处提到的“仁”，都和“美”字联系在一起，显然，仁在这里是“仪文美备”的意思，有

孟子

“文质彬彬，然后君子”的意义。《礼记·经解》：“上下相亲谓之仁。”意思是：能够做到上下相亲相爱，这才叫仁爱。《孟子·公孙丑上》：“以德行仁者王。”意思是：依靠道德施行仁义的可以称王。《左传·昭公三年》：“君子曰：‘仁人之言，其利博哉！晏子一言，而齐侯省刑。’”即君子说：“仁义之人的话，它带来的利益很广博啊！晏子一句话，齐侯就减少了刑罚。”《孟子·梁惠王上》：“无伤也，是乃仁术也，见牛未见羊也。”意思是：没有关系，这正是仁爱之道，（因为您只）见到牛，没有见到羊。荀悦：“物以其性，人以其仁。”《史记·高祖本纪》：“高祖为人，隆准而龙颜，美须髯，左股有七十二黑子。仁而爱人，喜施，意豁如也。”意思是：高祖这个人，高鼻子，一副龙的容貌，一脸漂亮的胡须，左腿上有七十二颗黑痣。他仁厚爱人，喜欢施舍，心胸豁达。《汉书·文帝纪》：“方今高帝子独淮南王与大王，大王又长，贤圣仁孝闻于天下，故大臣因天下之心而欲迎立大王，大王勿疑也。”意思是：如今高帝之子只有淮南王与大王，大王居长，圣贤仁孝，名播天下，所以朝中大臣顺万民之望而想迎立大王，大王就不必有所顾虑了。《汉书 · 宣帝纪 · 第八》："孝武皇帝曾孙病已，有诏掖庭养视，至今年十八，师受《诗》、《论语》、《孝经》，操行节俭，慈仁爱人，可以嗣孝昭皇帝后，奉承祖宗，子万姓。"意思是：武帝曾孙名病已，有诏令由掖庭进行照管，至今已十八岁。从师学习《诗》、《论语》、《孝经》，操行节俭、慈仁而爱人，可以作昭帝的继承人。奉承祖宗大业，统驭天下臣民。《韩诗外传》："仁道有四：磏为下。有圣仁者，有智仁者，有德仁者，有磏仁者。上知天，能用其时；下知地，能用其财；中知人，能安乐之；是圣仁者也。上亦知天，能用其时；下知地、能用其财；中知人，能使人肆之；是智仁者也。宽而容众，百姓信之；道所以至，弗辱以时；是德仁者也。"

人人相等，即君民同视，平等博爱。"仁"一般是统治者或君子应有的美德。《韩诗外传》里详细分析了四种不同类型的"仁"：圣仁、智仁、德仁、谦仁，发人深省，耐人寻味。

宽

宽（kuān），《说文解字 · 宀部》："宽，屋宽大也。"后比喻男性心胸宽阔。《诗经 · 卫风 · 考槃》："硕人之宽。"意思是：伟岸的形象心怀宽广。《诗经 · 卫风 · 淇奥》："宽兮绰兮。"《毛传》："宽能容众。"意思

负荆请罪

是：（君子）宽宏大量真旷达。《易·文》："言宽以居之。"《书·皋谟》："宽而栗。"郑注："谓度量宽宏。"《韩非子·说林下》："宽哉，不被于利。"意思是：心胸宽广，不为利益所诱惑。《礼记·乐记》："宽而静柔而正者，宜歌颂。"意思是：宽容而文静、柔顺而正直的人适宜歌唱《颂》。《汉书·吴王刘濞传》："文帝宽，不忍罚。"《史记·廉颇蔺相如列传》："不知将军宽之至此也。"意思是：我（廉颇）不知道将军（蔺相如）竟宽容我到这样的地步啊！贾谊《过秦论》："宽厚而爱人。"意思是：（这四位公子）宽宏厚道、爱惜人民。《北齐书·第十四卷·补列传第六·广平公盛》："武兴王普，字德广，归彦兄归义之子也。性宽和有度量。"《韩诗外传》卷六："子路治蒲三年，孔子过之。入境而善之，曰：'由恭敬以信矣。'入邑，曰：'善哉！由忠信以宽矣。'"意思是：子路治理蒲邑三年后，有一回，孔子路过此地，走到其境内时，便称赞子路做得真不错："做到了恭谨敬慎而又有信用。"走到城中时，孔子又称赞说："子路做得真好，做到了忠信而宽厚。"

“宽”本来指房屋宽大，后来用来比喻人的心胸开阔。“负荆请罪”的故事就展示了宽容这一美德：战国时赵国的蔺相如由于有功被赵王封为上卿，官职比老将廉颇还要大。廉颇很不服气，就想给蔺相如难堪。蔺相如却尽可能避开廉颇，他人都以为他怕廉颇；可是蔺相如说他连秦王都不怕，又怎么会怕廉颇将军！不过是由于他和廉颇都是赵国的栋梁，如果他们成了仇人的话，赵国就危险了。这话传到廉颇耳里，他非常惭愧，便袒露上身，背着荆条，亲自到蔺相如家去认错，两人因而成为生死之交。可见宽容之心能化敌为友、化险为夷，是上天赐予人们的一笔财富。

容

容（róng），甲骨文写作。《说文解字 · 宀部》：“容，盛也。从宀、谷。㝐，古文容从公。”《诗经 · 卫风 · 芄兰》：“容兮遂兮。”意思是：儿童大摇大摆摆架势。《左传》：“无适小国，将不女容焉。”意思是：不要到小国去，（小国）是不会容纳你的。《荀子 · 解蔽》：“心容。”意思是：用心采纳外界事物。《尚书 · 君陈》：“尔无忿疾于顽。无求备于一夫。必有忍，其乃有济。有容，德乃大。”意思是：对于顽冥不化的人，你不要忿然忌恨。因为对一个人不能求全责备，要求他尽善尽美。要懂得忍耐，就会有补益。能做到宽容，德行才算伟大。《汉书·五行志》："言上不宽大包容臣下。"意思是：居上位的人度量不宽宏，不能包容臣的过错。

"容"指男性能包容。《易·师·象传》："君子以容民畜众。"意思是：君子因为气量大而能获得民心。"海纳百川，有容乃大"，就是说要豁达大度、胸怀宽阔，这也是一个人有修养的表现。俗话说："宰相肚里能撑船。"

英

英（yīng），篆文写作。《说文解字·艸部》："英，草荣而不实者。一曰黄英。从艸，央声。"《淮南子·泰族》："智过万人者谓之英。"意思是：才智超过万人的人称为英。《正字通》："才能过人曰英。""英"指非比常人的才能。《白虎通·圣人》："《礼别名记》曰：'……千人曰英。'"引申为"凡美盛"皆为"英"，后来德、才、貌兼备的人被称为"英"。《广雅》："英，美也。"即"英"就是"美丽"的意思。《广韵·庚韵》："英，英俊。"这里的"英"就是"英俊"。《礼记·礼运》："与三代之英。"意思是：夏、商、周三代是英明君王当政的时代。《荀子·正论》："尧、舜者，天下之英也。"意思是：尧、舜是天下才能出众的人。《诗经·魏风·汾沮洳》："彼其之子，美如英。"意思是：瞧我那位意中人，貌若鲜花朝我放。《诗经·郑风·羔裘》：“三英粲兮。”意思是：三张豹皮装饰的（羔羊皮袍）真漂亮。

大禹

“英”本来指美丽的花瓣，引申指德能出类拔萃的人，后指优秀而又美丽、才貌德三全的人才。

特

特（tè），金文写作。《说文解字·牛部》：“特，朴特，牛父也。从牛，寺声。”《北齐书·第六卷·补帝纪第六·孝昭高演》：“孝昭皇帝演，字延安，神武皇帝第六子，文宣皇帝之母弟也。幼而英特，早有大成之量，武明皇太后早所爱重。赞曰：‘赵郡英伟，风范凝正。’”意思是：北齐孝昭帝高演（535—561 年），字延安，神武帝高欢第六子，文襄帝高澄、文宣帝高洋、武成帝高湛的同母兄弟，母亲是武明皇后娄昭君，南

北齐孝昭帝高演

北朝时期北齐第三位皇帝。高演幼时才智超群，很早就有能成大事的器量，其母武明皇后娄昭君起初就很宠爱他、看重他，赞美他说：“英俊伟岸，风范端庄凝重。”

“特”本义指公牛，引申指优秀出众的男性。《诗经 · 秦风 · 黄鸟》说：“交交黄鸟，止于棘。谁从穆公？子车奄息。维此奄息，百夫之特。”诗歌讲的是秦穆公死后，子车氏三位大将陪葬，秦国老百姓为失去这三个优秀的人才而悲痛欲绝，诗中称他们为“特”。

彦

彦（yàn），金文写作。《说文解字 · 彣部》：“彦，美士有文，人所言也。从彣，厂声。”指拥有丰富经验、精通古谚有才学的男性。《尔雅 · 释训》：“美士为彦。”意思是：才德好的男性就是“彦”。《礼记 · 大学》：“人之彦圣。”意思是德才兼备。《诗经 · 郑风 · 羔裘》：“彼其之子，邦之彦兮。”意思是：他是这样的一个人啊，称得上是国家的贤良。《书 · 太甲上》：“旁求俊彦。”意思是：向各方面征求贤才。《文选 · 江淹 · 别赋》：“金闺之诸彦，兰台之群

荀子

英。”意思是：金马门前大批俊彦之士，兰台上许多文才杰出的人。

“彦”指有才学、人品好的男士。《说文解字·彣部》：“彦，美士有文，人所言也。”意思是：美士懂得岩石上的文字，那是人们世代相传的谚语。

懿

懿（yì），《说文解字·壹部》：“专久而美也。”《尔雅》：“懿，美也。”指持久的美德。《诗经·大雅·庶民》：“天生蒸民，有物有则。民之秉彝，好是懿德。”意思是：老天生下这些人，有形体有法则。人的常性与生俱来，追求善美是其品德。《易·小畜·象传》：“君子以懿文德。”意思是：君子因此修养文明之德。《孟子·告子上》：“好是懿德。”意思是：喜好这样的美德。《左传·僖公十二年》：“应乃懿德。”意思是：我（天子）接受你（舅父）的美德。

孟子

“懿”指长久的美德。

武

武丁

武（wǔ），甲骨文写作。《说文解字·戈部》：“武，楚庄王曰：‘夫武，定功戢兵。故止戈为武。’”后来形容男子孔武有力。《诗经·周南·兔罝》：“赳赳武夫，公侯干城。”意思是：这些雄赳赳的武士啊，是公侯的盾牌与城墙。《诗经·郑风·羔裘》：“孔武有力。”强调所刻画的男主角为人既威武又有毅力。《楚辞·九歌·国殇》：“诚既勇兮又以武。”意思是：勇敢而富有战斗力，十分刚强以至于没人能侵犯。《淮南子·览冥训》：“勇武一人，为三军雄。”意思是：同样威武勇猛的人是可以称雄三军的。《汉书·袁盎晁错传第十九》：“今陛下人民之众，威武之重，德惠之厚，令行禁止之势，万万于五伯，而赐愚臣策曰‘匡朕之不逮’，愚臣何足以识陛下之高明而奉承之！”意思是：今天陛下统领的人民众多，威武而庄重，德惠深厚，令行禁止之势，超过五霸万万倍，然而赐给愚臣的诏策说“弥补朕的不足”，愚臣怎么还能够认识到陛下的高明而要去奉承！

“武”的本义，正如春秋五霸之一的楚庄王所说，是确立战功，止息战争，即以战争来制止战争，以暴力来消灭暴力，这也是“武”的最高境界。后来“武”用来形容男子孔武有力、刚毅果断。

2. 被统治阶级的品性美

被统治阶级最重要的品质是忠诚与服从，它通过“忠”、“良”、“顺”、“从”、“温”、“恭”、“敬”、“和”、“信”、“善”、“力”、“勇”、“直”等字体现出来。

忠

忠（zhōng），金文写作。《说文解字 · 心部》：“忠，敬也。从心，中声。”《韩诗外传》卷二：“比干且死，而谏愈忠。……诗曰：‘彼己之子，硕大且笃。’良非笃修身行之君子，其孰能与之哉！”《韩诗外传》卷四：“作炮烙之刑。王子比干曰：‘主暴不谏，非忠也；畏死不言，非勇也。见过即谏，不用即死，忠之至也。’遂谏，三日不去朝，纣囚杀之。诗曰：‘昊天大怃，予慎无辜！’有大忠者，有次忠者，有下忠者，有国贼者。以道覆君而化之，是谓大忠也；以德调君而辅之，是谓次

比干

忠也；以谏非君而怨之，是谓下忠也。”这里对“忠”的内涵、类别进行了条分缕析，精道服人。

“忠”指内心公正，不偏私情。《论语》开篇就自问：“为人谋而不忠乎？”

良

董允

良（liáng），《说文解字·亯部》：“良，善也。从亯省，亡声。，古文良。，亦古文良。，亦古文良。”《诗经·鄘风·鹑之奔奔》：“子之无良，我以为兄？”意思是：人君不端无德行，何必称他为兄？诸葛亮《出师表》：“侍中、侍郎郭攸之、费祎、董允等，此皆良实。”意思是：侍中郭攸之、费祎，侍郎董允等，他们都是善良诚实的人。

“良”指“良善有德之人”。《诗经·秦风·黄鸟》：“彼苍者天，歼我良人。如可赎兮，人百其身！”该诗描写秦穆公死时，子车氏的三兄弟殉葬的情景，表现了百姓对“良人”的哀悼和惋惜，也表现了对惨无人道的殉葬制度的无比愤怒和强烈抗议。

顺

顺（shùn），金文写作。《说文解字 · 页部》：“顺，理也。从页，从巛。”《广韵》：“顺，从也。”《释名》：“顺，循也。”《庄子 · 天运》：“文王顺纣而不敢逆。武王逆纣而不肯顺。”意思是：文王顺从商纣不敢有所背逆，武王背逆商纣而不顺服。《礼记 · 昏义》：“成妇礼，明妇顺，又申之以著代，所以重责妇顺焉也。妇顺者，顺于舅姑，和于室人，而后当于夫，以成丝麻布帛之事，以审守委积盖藏。是故妇顺备而后内和理，内和理而后家可长久也，故圣王重之。”《韩诗外传》卷三：“人事伦，则顺于鬼神；顺于鬼神，则降福孔皆。诗曰：‘以享以祀，以介景福。’”《韩诗外传》卷一又曰：“君人者，以礼分施，均遍而不偏，臣以礼事君，忠顺而不解，父宽惠而有礼，子敬爱而致恭，兄慈爱而见友，弟敬诎而不慢，夫照临而有别，妻柔顺而听从，若夫行之而不中道，即恐惧而自竦。此全道也，偏立则乱，具立则治。”

先秦时代讲究等级与次序，臣对君、子对父、妻对夫、生对师应当顺从，只有这样才能保证交往有序进行。

从

从（cóng），甲骨文写作，像两个人并肩平行。《说文解字·从部》：“从，相听也。从二人。凡从之属皆从从。随行也。从辵从，从亦声。”是顺从、服从等配合之义。《礼记·郊特牲》：“妇人从人者也。”意思是：妇人是依附于别人的人。《易·夏小正》：“啬人不从。”《左传·昭公十一年》：“不昭不从。”意思是：不公开，别人就不顺从。《韩诗外传》：“问者不告，告者勿问，有诤气者勿与论。必由其道至然后接之，非其道则避之。故礼恭然后可与言道之方，辞顺然后可与言道之理，色从然后可与言道之极。故未可与言而言，谓之瞽，可与言而不与言，谓之隐，君子不瞽，言谨其序。诗曰：‘彼交匪纾，天子所予。’言必交吾志然后予。”

“从”指行动上跟从，态度上服从，遇事则顺从。

温

温（wēn），《说文解字·水部》：“温，水。出犍为涪，南入黔水。从水，𥁕声。”指人性格温良。《诗经·小雅·小宛》：“温温恭人，如集于木；惴惴小心，如临于谷。”意思是：那些温和恭谨的人，就像聚集在树顶。

担心害怕，十分警惕，就像脚在深谷边。《荀子·荣辱》：“其温厚矣。”意思是：（原则、纲领）的蕴积已经很深厚了。《左传·昭公二十六年》：“为温慈、惠和，以效天之生殖长育。”意思是：制定温和慈祥的措施，以效法上天的万物生长方式。

戴妫

“温”指人性格温和良善。《诗经·邶风·燕燕》中说：“仲氏任只，其心塞渊。终温且惠，淑慎其身。先君之思，以勖寡人。”意思是：仲氏诚实重情义，敦厚深情知人心。性情温柔又和善，拥淑谨慎重修身。不忘先君常思念，勉励寡人心赤诚！故事出自《左传》：卫庄公的妻子庄姜貌美但未生子，卫庄公便又娶陈国厉妫为妻，生儿子孝伯，夭亡。厉妫的妹妹戴妫生了桓公，庄姜便把桓公视为自己的儿子来对待。卫庄公有个儿子叫州吁，是宠妾所生，性情乖戾，胡作非为。庄姜和大臣石碏力谏卫庄公，卫庄公不听。石碏的儿子石厚与州吁交好，两人常一起为非作歹。“隐公四年，春，卫州吁弑桓公而立。”石碏用计假陈国之手擒杀了州吁，并大义灭亲，派自己的家臣“莅杀石厚于陈”。经过这样的国家动乱及丧夫、丧子之痛，庄姜与戴妫同患难，共命运，结下了深厚的感情。在这种情形下，戴妫回归陈国，庄姜相送，她反复赞美其“终温且惠”。

恭

恭（gōng），甲骨文写作。《说文解字 · 心部》：“恭，肃也。从心，共声。”指对人恭敬有礼。《诗经 · 大雅 · 皇矣》：“密人不恭，敢距大邦。”意思是：密国人不恭敬顺从，对抗大国实在狂傲。《尔雅》：“恭，敬也。”指对人毕恭毕敬。《论语 · 颜渊》：“君子敬而无失，与人恭而有礼。”意思是：君子做事情谨慎认真，不出差错；和人交往态度恭谨而合乎礼节。《北齐书 · 第十卷 · 补列传第二 · 高祖十一王》：“亮字彦道，性恭孝，美风仪，好文学。”《北齐书 · 第十三卷 · 补列传第五》：“赵郡王琛，字永宝，高祖之弟也。少时便弓马，有志气。高祖既匡天下，中兴初，授散骑常侍、镇西将军、金紫光禄大夫。既居禁卫，恭勤慎密，率先左右。”《汉书 · 何武王嘉师丹传第五十六》：“孝元皇帝奉承大业，温恭少欲，都内钱四十万万，水衡钱二十五万万，少府钱十八万万。”意思是：

孝元皇帝

孝元皇帝继承了伟大的事业，平和恭顺少有欲望，都城内库有钱四十万万，水衡积钱二十五万万，少府积钱十八万万。

表面尊敬为“恭”，内心敬服曰“敬”。

敬

敬（jìng），《说文解字 · 苟部》：“敬，肃也。”《大戴礼记 · 曾子立孝》：“忠爱以敬。”王聘珍注：“忠爱，谓中心之爱。敬，谓严肃。”《韩诗外传》卷四：“君子大心则敬天而道，小心则畏义而节；知则明达而类，愚则端悫而法；喜则和而治，忧则静而违；达则宁而容，穷则纳而详。”意思是：君子如果心往大的方面用，就会敬奉自然而遵循规律；如果心往小的方面用，就会敬畏礼义而有所节制；如果聪明，就会明智通达而触类旁通；如果愚钝，就会端正诚笃而遵守法度；如果高兴，就会平和地去治理；如果忧愁，就会冷静地去处理；如果显贵，就会文雅而明智；如果困窘，就会自我约束而明察事理。

对人、天地、道发自内心地服从、尊重、敬爱是“敬”。《韩诗外传》里条分缕析地剖析了君子的“敬”，“敬”是君子完善品格的必备条件之一。

和

孔子

和（hé），意思是和谐。《韩诗外传》卷二："君子易知而难狎也，易惧而不可劫也，畏患而不避义死，好利而不为所非，交亲而不比，言辩而不乱。荡荡乎！其易不可失也，磏乎！其廉而不刿也，温乎！其仁厚之光大也，超乎！其有以殊于世也。诗曰：'美如玉，美如玉，殊异乎公族。'"《韩诗外传》卷三曰："伯夷，圣人之清者也，柳下惠，圣人之和者也，孔子，圣人之中者也。诗曰：'不竞不絿，不刚不柔。'中庸和通之谓也。"《韩诗外传》卷三又曰："六马不和，造父不能以致远；弓矢不调，羿不能以中微；士民不亲附，汤武不能以战胜。"意思是：六匹马不协力一致，即便善御的造父也无法驾驭车马到达远方；弓与箭不协调，就是善射的后羿也不能射中目标；士人与百姓不亲附国君，即使是商汤、周武王也不能必胜。班昭《女戒·第十一·和柔》："处家之法，妇女须能，以和为贵。孝顺为尊。"

“和”的最大功能在于维持合作关系。《礼记 · 中庸》写道：“喜怒哀乐之未发谓之中，发而皆中节谓之和。”杨遇夫《论语疏证》写道：“事之中节者皆谓之和，不独喜怒哀乐之发一事也。和今言适合，言恰当，言恰到好处。”刘劭在其《人物志 · 九徵》中提出：“凡人之质量，中和最贵矣。”圣人能“阴阳清和，则中睿外明”，这种中和之性的外在表现就是平静温和、波澜不惊，胸有惊雷而面如平湖。《论语》中说：“有子曰：‘礼之用，和为贵；先王之道，斯为美。’”即孔子的弟子说：“礼的应用，以和谐为贵。古代君王的治国方法，先贤流传下来的道理，最可贵的地方就在于此（依礼行事）。”

信

信（xìn），金文写作。《说文解字 · 言部》：“信，诚也。从人，从言。会意。，古文从言省。，古文信。”本义是人说的话真实可信，后引申指人有信用，守承诺。《论语 · 学而》：“吾日三省吾身：为人谋而不忠乎？与朋友交而不信乎？传不习乎？”意思是：我每天都要作多次自我检讨：为主人出谋献计做到忠心不二了吗？与朋友交往合作做到诚信了吗？老师所传授的东西经常温习了吗？《韩诗外传》：“上之人所遇，色为先，声音次之，事行为后。故望而宜为人君者、容也，近而

可信者、色也，发而安中者、言也，久而可观者、行也。故君子容色，天下仪象而望之，不假言而知为人君者。诗曰：‘颜如渥丹，其君也哉！’”

人无信不立。“信”是孔子提倡的五种美德之一，也是君子立身处世的根基。《韩非子》里有个著名的故事：“曾子之妻之市，其子随之而泣。其母曰：‘女还，顾反为女杀彘。’妻适市来，曾子欲捕彘杀之，妻止之曰：‘特与婴儿戏耳。’曾子曰：‘婴儿非与戏耳。婴儿非有知也，待父母而学者也，听父母之教。今子欺之，是教子欺也。母欺子，子而不信其母，非所以成教也。’遂烹彘也。”意思是：曾子的妻子到集市上去，她的儿子哭着闹着要跟着去。她对儿子说：“你回家，等我回来杀猪给你吃。”她刚从集市上回来，曾子就要捉猪杀猪。他的妻子阻止他说：“不过是和孩子开玩笑罢了。”曾子说：“小孩子是不能和他开玩笑的啊！小孩子没有思考和判断能力，等着父母去教他，听从父母的教导。今天你欺骗孩子，就是在教他欺骗别人。母亲欺骗了孩子，孩子就不会相信他的母亲，这不是用来教育孩子成为正人君子的方法。”于是（曾子）就杀猪煮肉（给孩子吃）。

善

善（shàn），甲骨文写作。《说文解字·誩部》：“善，吉也。从誩，从羊。此与义、美同义。”《孟子》：

“人之初，性本善。”意思是：人初生之时，本性都是善良的。扬雄《法言》：“人之性也，善恶混。修其善则为善人，修其恶则为恶人。”《诗经 · 邶风 · 凯风》：“吹彼棘薪，母氏圣善。”《左传 · 襄公三十年》：“善人国之主也。”意思是：善良的人是国家的栋梁。《孔子家语》：“与善人居，如入芝兰之室，久而不闻其香，即与之化矣。与不善人居，如入鲍鱼之肆，久而不闻其臭，亦与之化矣。”意思是：和道德高尚的人生活在一起，就像进入充满兰花香气的屋子，时间一长，自己本身因为熏陶也会充满香气，于是就闻不到兰花的香味了；和素质低劣的人生活在一起，就像进了卖鲍鱼的市场，时间一长，连自己都变臭了，也就不觉得鲍鱼市场是臭的了。

善是兽性与人性、野蛮与文明的分水岭。《国语 · 晋语》：“善，德之建也。”意思是：善，是建立德行的基础。

力

力（lì），甲骨文写作，像向下伸展的手臂，是右手（即“又”）的变形。《说文解字 · 力部》：“力，筋也。象人筋之形。”本义指强壮有劲的手臂，引申指男性有力。《诗经 · 邶风 · 简兮》：“有力如虎，执辔如组。”这里形容舞蹈者强壮有力如猛虎，手执缰绳十分

英武。《诗经·郑风·羔裘》:“羔裘豹饰，孔武有力。”意思是：羔羊皮袍的袖口用豹皮装饰着，他的为人既威武又有毅力。《韩诗外传》卷六：“晏子曰：‘君言过矣！自齐国五尺以上，力皆能胜婴与君，所以不敢者，畏礼也。’”《三国志》第五十七卷：“朱据字子范，吴郡吴人也。有姿貌膂力，又能论难。”意思是：朱据，字子范，吴郡吴县人。身材容貌壮伟，力大无比，还擅长辩论并爱提出疑难问题。

“男”字可上下分为“田”、“力”，本义是指在田地里耕作的劳动力，“力”是男性生存的必要条件。

勇

勇（yǒng），金文写作。《说文解字·力部》:“勇，气也。从力，甬声。”《诗经·小雅·巧言》:“无拳无勇。”这里是指没有武力与勇气的意思。《左传·昭公二十年》:“知死不辟，勇也。”《左传·庄公十年》:“夫战，勇气也。”意思是：作战是靠勇气的。《国语·周语》:“勇，文之帅也。”意思是：勇，是德行的表率。《庄子》:“勇悍果敢，取众率兵，此下德也。”意思是：勇武、剽悍、果决、勇敢，能够聚合众人统率士兵，这是下一等的德行。《韩诗外传》卷九：“卞庄子好勇，母无恙时，三战而三北，交游非之，国君辱之，卞庄子受命，颜色不变。及母死三年，鲁兴师，卞庄子请从，至，见于将军曰：‘前犹与母处，是以战而北也，辱吾身！今母殁矣，请塞责。’遂走敌而斗，获甲首而献之，曰：‘请以此塞一北。’又获甲首而献之，曰：‘请以此塞再北。’将军止之，曰：‘足。’不止，又获甲首而献之，曰：‘请以此塞三北。’将军止之，曰：‘足，请为兄弟。’卞庄子曰：‘三北以养母也，今母殁矣，吾责塞矣。吾闻之，节士不以辱生。’遂奔敌，杀七十人而死。”大意是：卞庄子是个孝子，他的母亲在世时，他随军作战，三战三败，朋友看不起他，国君羞辱他。等到其母死后三年，鲁国兴师伐齐，他请求参战。三战三获敌人首级，一雪昔日败北之耻，最后又冲锋陷阵，杀敌七十人后阵亡。故事的主人公卞庄子头脑清晰，主次分明，先奉养老母亲，再报效国家，是一位有大智慧的勇者。

男人可以不帅，可以不富，但不可以不勇。乔治 · 维加莱洛说：“女人静静地生活，男人‘必须以无畏的勇气面对工作和困苦’。”① 不勇会被其他男子讥笑，被女子排斥。《墨子 · 经上》：

① ［法］乔治 · 维加莱洛著，关虹译：《人体美丽史：文艺复兴—二十世纪》，长沙：湖南文艺出版社 2007 年版，第 33 页。

“勇志之所以敢也。”意思是：具备勇敢之心是敢作敢为的基础。

惠

惠（huì），金文写作。《说文解字·叀部》：“惠，仁也。从心，从叀。”形容女子温柔美好，《诗经·邶风·北风》：“惠而好我，携手同归。”意思是：爱我的至亲好友，我们携手一起走。后来也形容男子的贤能聪慧。《北齐书·第十九卷·补列传第十一》：“胄轻侠，颇敏惠。”《北史·卷二十八·列传第十六》：“孤获还镇，欣其名誉，必加恩于百姓，讥臣为失，专欲以宽惠临之，仁恕待之。”意思是：郎孤得以返回镇守后，因自己的名声和美誉而欣喜，一定会给百姓施加恩惠，讥刺我所做的是过失，一心要用宽惠去统治他们，用仁恕去厚待他们。《东观汉记·章帝纪》：“壮而仁明谦恕，温慈惠和。”

汉章帝

主要指性情温柔美好。《韩诗外传》卷二：“士有五：有势尊贵者，有家富厚者，有资勇悍者，有心智惠者，有貌美好者。势尊贵，不以爱民行义理，而反以暴傲；家富厚，不以振穷救不足，而反以侈靡无度；资勇悍，不以卫上攻战，而反以侵陵私斗；心智惠，不以端计数，而反以事奸饰诈；貌美好，不以统朝莅民，而反以蛊女从欲。此五者，所谓士失其美质者也。”意思是：士人有五类：有的权势尊贵，有的家境富裕，有的本性勇敢，有的天资聪明，有的容貌美好。权势尊贵的人，不利用他的权势去爱护百姓、依照伦理道德行事，反而利用权势暴戾傲慢、欺压百姓；家境富裕的人，不利用他的财富去救济贫穷困乏的人，反而利用财富来过奢侈糜烂、没有节制的生活；本性勇敢的人，不利用他的勇敢来保卫国君、和入侵者战斗，反而凭借勇力来欺侮别人，进行私人间的争斗；天资聪明的人，不利用他的明察来策划政治的措施，反而凭借智谋去从事奸邪的事，造假骗人；容貌美好的人，不利用他的威仪来统率朝廷官吏、治理人民，反而用美貌来诱惑女子，放纵情欲。这五种人，可说是士人中丧失了其美好禀赋的人。

直

直（zhí），甲骨文写作，在眼睛上加一竖线，表示目光向正前方看，引申指人性格刚直不阿。《说文解字 · ㇄部》：“直，正见也。从㇄，从十，从目。”《左传 · 僖公二十八年》：“直为壮，曲为老。”意思是：（师出有名）就可以理直气壮，反之士气不盛。《韩非子 · 五蠹》：“夫君之直臣，父之暴子也。”意思是：君主的

忠臣倒成了父亲的逆子。《韩诗外传》卷二：“楚昭王有士曰石奢，其为人也，公而好直，王使为理。”《礼记·乐记》：“致乐以治心，则易直子谅之心油然生矣。”孔颖达疏：“子谓子爱，谅谓诚信，言能深远详审以乐治其心，则和易正直子爱诚信之心，油油然从内而生矣。”《韩诗外传》卷六：“正直者，顺道而行，顺理而言，公平无私，不为安肆志，不为危激行。”

“直”指性格刚直不阿。古代正直的大臣的命运完全取决于皇帝的品性。

汉代男性以外形威重、举止儒雅、品性纯良为美，“孝”、“雅”、“智”、“爱”、“慈”、“聪”、“敏”、“深”、“沉”、“重”、“谨”、“严”、“慎”、“谦”、“闲”、“愉”即为代表字。

孝

孝（xiào），甲骨文写作，老人在上，小儿在下，表示儿孙搀扶老人。《说文解字·老部》：“孝，善事父母者。从老省，从子。子承老也。”本义指儿孙搀扶老人，服从和奉养父母、长辈。汉代的“孝女”可以载入史册，“孝子”则可以被推举为官。《贾子道术》：“子爱利亲谓之孝。”意思是：晚辈对前辈爱护、尊敬，可以称得上孝顺。《周书·谥法》：“慈惠爱亲为孝，协时

> 肇享为孝，五宗安之曰孝，秉德不回曰孝。”意思是：仁慈贤惠、爱护亲人是孝，按时开始祭祀先祖是孝，让五世安乐是孝，顺从德行不违背是孝。《孝经》：“夫孝，天之经也，地之义也，民之行也。”意思是：孝，是天经地义的事，是人本有的自然的行为。《汉书 · 盖诸葛刘郑孙毋将何传第四十七》：“盖宽饶字次公，魏郡人也。明经为郡文学，以孝廉为郎。举方正，对策高第，迁谏大夫，行郎中户将事。”意思是：盖宽饶字次公，是魏郡人。因通晓儒经被选为郡文学，凭孝廉身份做了郎官。后来被推举为方正，因为对策被定为优等，升任为谏议大夫，代理郎中户将的职务。

汉代人推崇的诸多美德中，“孝”字当先。刘成纪曾这样深层剖析其成因：“当时的儒家思想者认为，孝不仅仅是子女对父母的私人感情，而且是对天地运演规律的顺应和服从。同时一个对父母尽孝、对兄长尊敬、对家庭尽责的人，更能将这种良好的品质推及到国家与社会。”①

雅

雅（yǎ），篆文写作，本义指令人惊叹的艳丽羽

① 刘成纪著：《形而下的不朽——汉代美学身体考论》，北京：人民出版社2007年版，第250页。

毛，后用来形容人品行端正而有美德。《说文解字·隹部》："雅，楚乌也。一名鸒。一名卑居。秦谓之雅。从隹，牙声。"《白虎通义·礼乐》："雅者，古正也。"意思是：雅，即古代的正字。《汉书·元帝纪》："然宽弘尽下，出于恭俭，号令温雅，有古之风烈。"意思是：然而（元帝）宽弘尽下，出于恭俭，号令温雅，有古代贤王之遗风。《汉书·哀帝纪第十一》："雅性不好声色，时览卞射武戏。"意思是：哀帝生性端正不爱声色，有时看看手持角力的武戏。《后汉书·袁绍刘表列传第六十四上》："绍外宽雅有局度，忧喜不形于色，而性矜愎自高，短于从善，故至于败。"意思是：袁绍外表宽厚文雅，很有器量，忧愁喜悦不表现在脸上，但他本性骄傲，刚愎自用，不能听取正确的意见，所以造成失败。《三国志》第六卷："表虽外貌儒雅，而心多疑忌，皆此类也。"意思是：刘表虽然外貌儒雅谦和，其内心却狭隘多猜疑，在许多事的处理上都是这样。《三国志》第五十二卷："瑾为人有容貌思度，于时服其弘雅。"意思是：诸葛瑾容貌威仪，善于思考，为人有气度，当时的人都被他的博学和温文尔雅的气度折服。《晋书·李寿载记》："敏而好学，雅量

袁绍

豁然。”意思是：聪明好学，有宽宏的度量就会心胸开阔通达。

“雅”指言行符合规范，得体而从容。它与“温”构成“温雅”，与“宽”构成“宽雅”，与“儒”构成“儒雅”，主要用来形容男人不同层面的品性美好。

爱

爱（ài），金文写作。《说文解字·夊部》：“爱，行貌。从夊，㤅声。”指用心疼惜呵护，并喃喃倾诉柔情。《尔雅》：“惠，爱也。”《论语·八佾》：“尔爱其羊，我爱其礼。”意思是：你爱的是一只羊，我爱的则是告朔之礼。《孝经》：“爱亲者不敢恶于人。”意思是：爱自己亲人的人，不敢与别人交恶（因为那样引起的恶果会伤及自己的亲人）。《韩诗外传》卷五：“君者，民之源也，源清则流清，源浊则流浊。故有社稷者，不能爱其民，而求民亲己爱己，不可得也。民不亲不爱，而求为己用，为己死，不可得也。”意思是：君主就像人民的源头，源头清澈，下游的流水也清澈；源头浑浊，下游的流水也浑浊。所以，如果掌握了国家政权的人不能够爱护人民，不能让民众获得利益，却要求民众对自己亲近爱戴，那是不可能的。不亲近爱护人民，却要求民众为自己所用，为自己出生入死，也是不可能的。

《孟子》说：“仁者爱人。”“爱”是“仁者”最本能、最自然的行动，不带任何功利色彩。

慈

汉文帝

慈（cí），甲骨文写作。本义比喻心肠软如丝，疼惜生命，不杀生，不作恶。《说文解字·心部》：“慈，爱也。从心，兹声。”《韩非子·内储说上》：“夫慈者不忍，而惠者好与也。”意思是：慈是不残忍，惠是好赏赐。《管子·形势解》：“慈者，父母之高行也。”意思是：慈爱，是父母的崇高行为。《后汉书·卷十上·皇后纪第十上》：“后在位恭俭，少嗜玩，不喜笑谑。性仁孝，多矜慈。七岁失父，虽已数十年，言及未曾不流涕。帝见，常叹息。”意思是：阴皇后在位时肃敬俭朴，很少嗜好玩乐，不喜欢戏言谑笑。性情仁厚孝顺，多矜怜慈悯。七岁死了父亲，虽然已经过去数十年，但是每次谈到没有不流泪抽泣的。光武帝见了，也常陪着叹息。《汉书·帝纪·文帝纪第四》：“子启最长，敦厚慈仁，请建以为太子。”意思是：皇子启是长子，敦厚慈仁，请皇上立他为太子。

“慈”指心肠软，怜惜生命，对自然万物、人间生灵存有悲悯之心。

聪

聪（cōng），金文写作，既是声旁也是形旁，表示“内心有窗，心思明亮”。本义是耳听八方，听而能悟。《说文解字 · 耳部》：“聪，察也。从耳，悤声。”《诗经 · 周颂 · 敬之》：“不聪敬止。”意思是：敢不听从不恭敬？《史记 · 屈原贾生列传》：“屈平疾王听之不聪也。”意思是：屈原痛心于楚怀王耳朵听不到正确的意见。《汉书 · 宣元六王传 · 第五十》：“而宪王壮大，好经书、法律，聪达有材，帝甚爱之。太子宽仁，喜儒术，上数嗟叹宪王，辅曰：‘真我子也！’”意思是：淮阳宪王长大了，喜好经书和法律，聪明有才能，宣帝很喜欢他。太子宽厚仁慈，喜好儒术，宣帝几次赞赏宪王，说：“真是我的儿子呀！”《韩诗外传》卷一：“聪者自闻，明者自见，聪明则仁爱著而廉耻分矣。”

《管子 · 宙合》：“闻审谓之聪。”意思是：耳朵听了之后再加以审察，这叫作聪明。《荀子 · 劝学》：“耳不能两听而聪。”意思是：耳朵不能在同时听两个声音的情况下还能听得清楚。

敏

敏（mǐn），甲骨文写作，本义是孕妇对触摸反应强烈，引申指聪明机灵、反应敏捷、动作麻利等。《说文解字·攴部》：“敏，疾也。从攴，每声。”《论语·学而》：“敏于事而慎于言。”意思是：君子工作勤劳敏捷，说话却小心谨慎。《论语·里仁》：“君子欲讷于言而敏于行。”意思是：君子说话要谨慎而行动要敏捷。《北齐书·第三十四卷·补列传第二十六》：“杨愔，字遵彦，小名秦王，弘农华阴人。父津，魏时累为司空侍中。愔儿童时，口若不能言，而风度深敏，出入门闾，未尝戏弄。”《汉书·隽疏于薛平彭传第四十一》：“广兄子受字公子，亦以贤良举为太子家令。受好礼恭谨，敏而有辞。”意思是：疏广兄长的儿子疏受，字公子，也因贤良被选为太子家令。疏受崇尚礼义，谦恭谨慎，思维敏捷而善于言辞。《韩诗外传》卷六：“孙叔敖遇狐丘丈人。狐丘丈人曰：‘仆闻之：有三利，必有三患，子知之乎？’孙叔敖蹴然易容曰：‘小子不敏，何足以知之！’”意思是：孙叔敖遇到狐丘丈人，狐丘丈人说：“我听说，有三利必有三害，你知道吗？”孙叔敖惊讶不安地说：“我不聪明，怎么能够知道。”

“敏”指反应快、悟性强，对万物万事能作出恰如其分的反应。

智

智（zhì），甲骨文写作，本义是谈论作战谋略。《说文解字·白部》：“智，识词也。从白，从亏，从知。”《论语·卫灵公》中说：“知及之，仁不能守之，虽得之，必失之。”意思是：知识能力达到了，但是不能用仁义来守护它，即便现在得到了，也一定会失去。扬雄在《法言》卷三《修身》中说：“天下有三门：由于情欲，入自禽门；由于礼仪，入自人门；由于独智，入自圣门。”意思是：天下有三个类群的人：情感欲望这样的需求来自禽兽、牲畜这一类群；礼仪、义气等这样的道德规范来自于人类这个社会群；独到的智慧、见解、思想这样的永恒哲学来自于圣人、贤人这类少数人。《法言·问明》：“或问：‘人何尚？’曰：‘尚智。’”大意是：他说，要成为圣人，就必须追求智慧和知识，做人的一个基本价值趋向即是“尚智”。

扬雄

《论语·里仁》说：“不仁者不可以久处约，不可以长处乐。

仁者安乐，智者利仁。”意思是：一个人离开了仁，将既不能长期经受起贫困，也不能长期经受起安乐，他在仁、智之间偏重于何者就十分明确了。智必须由仁来维持，而为了达到仁又必须有智。

严

严（yán），金文写作。《说文解字 · 吅部》：“严，教命急也。从吅，厰声。”《诗经 · 小雅 · 六月》：“有严有翼，共武之服。”意思是：严整肃穆小心，认真对待敌军。《孟子》：“无严诸侯，恶声至，必反之。”意思是：毫不畏惧诸侯，听了恶言，一定回击。《史记 · 廉颇蔺相如列传》：“严大国之威。”意思是：尊重（你们）大国的威严。《韩诗外传》卷三：“凡学之道，严师为难。师严然后道尊；道尊然后民知敬学。故太学之礼，虽诏于天子，无北面，尊师尚道也。故不言而信，不怒而威，师之谓也。诗曰：‘日就月将，学有缉熙于光明。’”意思是：为学之道，以尊敬教师最难做到。教师受到尊敬后，真理才会受到尊重。在太学的礼仪中，做老师的人即使接受国君的召见，也不必按臣礼面朝北，这是为了表示尊敬老师。因此真正的老师不用说话就很有威信，不用生气就很有威严。《诗经》说：“日日有所收获，月月有所进步，不断地学习，就能达到无比光明的境界。”

“严”引申指人的态度庄严、性格严谨、做事要求严格。“没有规矩，不成方圆。”严格认真的态度是保证规则、规矩顺利实施的必要条件之一。

慎

慎（shèn），篆文写作慎。《说文解字 · 心部》：“慎，谨也。从心，真声。”指人的性格小心谨慎。《诗经 · 小雅 · 巧言》：“予慎无罪。”意思是：我小心谨慎，确实没有错处。《仪礼 · 聘礼记》：“入门主敬，升堂主慎。”扬雄《法言》卷三《修身》：“圣人之辞，可为也；使人信之，所不可为也。是以君子强学而力行。珍其货而后市，修其身而后交，善其谋而后动，成道也。君子之所慎：言、礼、书。”《孔子家语》：“与善人居，如入芝兰之室，久而不闻其香，即与之化矣。与不善人居，如入鲍鱼之肆，久而不闻其臭，亦与之化矣。丹之所藏者赤，漆之所藏者黑，是以君子必慎其所处者焉。”意思是：和品行高尚的人在一起，就像沐浴在种植芝兰散满香气的屋子里一样，时间长了便闻不到香味，但本身已经充满香气了；和品行低劣的人在一起，就像到了卖鲍鱼的地方，时间长了

张汤

也闻不到臭了，因为融入环境里了。朱砂所蕴藏的一定是红色，墨漆所蕴藏的则一定是黑色，因此君子必须谨慎地选择朋友。

愉

愉（yú），金文写作。《说文解字·心部》："愉，薄也。从心，俞声。"《论语》曰："私觌，愉愉如也。"意思是：更轻松愉快了。《广雅》："愉，喜也，说也。"《诗经·唐风·山有枢》："他人是愉。"意思是：别人占有尽享乐。《吕氏春秋》："上称三皇五帝之业，以愉其意。"《韩诗外传》卷三："适情辟余，不求非其有，而天下称其廉也；行成不可掩，息刑不可犯，执一道而轻万物，天下称其勇也。四行在乎民，居则婉愉，怒则胜敌；故审其所以养，而治道具矣；治道具，而远近畜矣。诗曰：'于铄王师，遵养时晦。'言相养者之至于晦也。"

善于调节气氛，让人轻松愉快是一种难得的品德。吕不韦主持编纂的《吕氏春秋》汇合了先秦各派学说，充满逸闻趣事，书成之日，悬于国门，声称能改动一字者赏千金，此为"一字千金"。

深

深（shēn），金文写作。《说文解字 · 水部》："深，水。出桂阳南平，西入营道。从水，罙声。"引申指人深沉有涵养、有谋略。《北齐书 · 第三十四卷 · 补列传第二十六》："杨愔，字遵彦，小名秦王，弘农华阴人。父津，魏时累为司空侍中。愔儿童时，口若不能言，而风度深敏，出入门闾，未尝戏弄。"《汉书 · 杜周传第三十》："钦为人深博有谋。"意思是：杜钦为人深沉、博学、有谋略。

杜周

"深"指人深沉有谋略，汉代用来赞美人的性格沉稳、冷静。

沉

沉（chén），甲骨文写作。本义指将牛、羊等牲畜投入河湖作活祭，以求免除水灾。《字汇》："沈，陵上滈水也。"《汉书 · 霍光金日磾传第三十八》："光为人沉静详审，长才七尺三寸，白皙，疏眉目，美须髯。"意思是：霍光性格沉静，思虑周到，身高只有七尺三寸，皮肤白皙，疏眉朗目，须髯很美。《汉书 · 赵充国

辛庆忌传第三十九》："赵充国字翁孙，陇西上邽人也，后徙金城令居。始为骑士，以六郡良家子善骑射补羽林。为人沉勇有大略，少好将帅之节，而学兵法，通知四夷事。"意思是：赵充国字翁孙，是陇西上邽人，后来搬迁到金城令居住。开始的时候只是一个骑士，后来作为六郡的良家子弟因善于骑马射箭被补为羽林卫士。他为人沉着勇敢，有很深的谋略，年轻时喜好将帅的气节，就去学习兵法，通晓四方蛮夷的事情。

"沉"指人沉稳有韬略。汉代用来赞美人的性格沉稳、冷静。

重

重（zhòng），金文写作。本义是肩扛背驮的沉甸甸的行囊。《说文解字·重部》："重，厚也。"《礼记·冠义》："是故古者重冠；重冠故行之于庙；行之于庙者，所以尊重事；尊重事而不敢擅重事；不敢擅重事，所以自卑而尊先祖也。"意思是：因此，古人很重视冠礼。因为重视冠礼，所以要在宗庙进行。在宗庙进行，是用来表示对重大隆重的事情的尊重。因为尊重这样隆重的事情，所以不敢随便做

袁安

这样隆重的事情。不敢随便就做这样隆重的事情，是为了表示自己的卑小和对祖先的尊敬。《后汉书 · 卷二十二 · 朱景王杜马刘傅坚马列传第十二》：“丹时病，帝以其旧将，欲令强起领郡事，乃夜召入，谓曰：‘贼迫近京师，但得将军威重，卧以镇之足矣。’”意思是：景丹当时患了病，皇上因他是归将，想让他勉强起来担任弘农郡守，于是在夜间召他入见，对他说：“敌人逼近京师，只要依仗将军的威信，（你）睡在床上镇守就够了。”《后汉书 · 卷四十五 · 袁张韩周列传第三十五》：“安少传良学。为人严重有威，见敬于州里。”意思是：袁安年轻时继承祖父袁良的学问。为人很庄重，有威信，被州里人敬重。

“重”形容人有威严，言行举止有分量。孔子说：“君子不重无威。”

谨

谨（jǐn），甲骨文写作。本义是“古代臣子在皇帝面前小心说话，以免招致灾祸”。《说文解字 · 言部》：“谨，慎也。从言，堇声。”《诗经 · 大雅 · 民劳》：“以谨无良。”意思是：谨慎提防不善良的人。《汉书 · 成帝纪》：“孝成皇帝，元帝太子也。母曰王皇后。元帝在太

子宫生甲观画堂，为世嫡皇孙。宣帝爱之，字曰太孙，常置左右。年三岁而宣帝崩，元帝即位，帝为太子。壮好经书，宽博谨慎。”意思是：汉成帝，是元帝的太子，母亲是王皇后。元帝当太子时，生成帝于宫中的彩画之堂，为嫡皇孙。宣帝十分喜爱他，替他取字为太孙，经常将他置于膝下。成帝三岁时祖父宣帝去世，元帝继位，成帝被立为太子。他成年后喜欢读经书，宽博谨慎。《汉书·季布栾布田叔传第七》：“布弟季心气盖关中，遇人恭谨，为任侠，方数千里，士争为死。”意思是：季布的弟弟季心，骁勇为关中之首。他对人恭敬而谨慎，仗义行侠，方圆数千里的士人抢着要为他效力卖命。

“谨”指人小心谨慎，主要指说话、做事处处留心，尽量避免祸患。

俭

俭（jiǎn），《说文解字·人部》：“俭，约也。”《汉书·冯奉世传第四十九》：“廉洁节俭，太子少傅张谭是也。”意思是：廉洁节俭，要数太子少傅张谭。《汉书·薛宣朱博传》：“博为人廉俭，不好酒色游宴。”意思是：朱博为人廉正节俭，不喜爱美酒女色和游玩宴乐。《后汉书·卷十上·皇后纪第十上》：“光武郭皇后讳圣通，

张谭

真定槀人也。为郡著姓。父昌，让田宅财产数百万与异母弟，国人义之。仕郡功曹。娶真定恭王女，号郭主，生后及子况。昌早卒。郭主虽王家女，而好礼节俭，有母仪之德。”意思是：光武帝的郭皇后名圣通，是真定槀县人。家里是郡中大户。父亲郭昌，将田宅财产数百万让给异母弟弟，郡国的人们都认为他很有道义。郭昌在郡里任功曹的官职。娶真定恭王刘普的女儿为妻，她号郭主，生下皇后郭圣通及儿子郭况。郭昌去世得早。郭主虽然是王家女子，却好礼节俭，有人母典范之德。

“俭”指人有节制。《论语·学而》：“夫子温良恭俭让以得之。”意思是：孔子有貌和、心善、内肃、节约、谦让这样的美德。

闲

闲（xián），金文写作。《说文解字·门部》：“闲，阑也。从门中有木。”本义是用柱子顶住门板，以防他人私闯，后形容人风度娴雅、从容不迫。《汉书·隽疏

> 于薛平彭传第四十一》："兄子受字公子，亦以贤良举为太子家令。受好礼恭谨，敏而有辞。宣帝幸太子宫，受迎谒应对，及置酒宴，奉觞上寿，辞礼闲雅，上甚欢说。顷之，拜受为少傅。"意思是：疏广兄长的儿子疏受，字公子，也因贤良被选为太子家令。疏受崇尚礼义，谦恭谨慎，思维敏捷而善于言辞。一次，汉宣帝驾临太子东宫，疏受接驾拜谒并回答汉宣帝的提问，又安排酒宴，在席间举杯为汉宣帝祝寿，言辞合乎礼仪而又娴雅优美，汉宣帝非常高兴。不久，拜疏受为太子少傅。

"闲"形容人内心淡定、外表从容、举止优雅，同"娴"。

谦

谦（qiān），篆文写作。《说文解字·言部》："谦，敬也。从言，兼声。"《玉篇》："谦，逊让也。"《易·谦》："谦谦君子，卑以自牧也。"意思是：谦虚的君子，以谦卑的美德自守。《史记·魏公子列传》："皆谦而礼交之。"意思是：（无论士人的才能高低）公子都谦虚地以礼相待。《韩诗外传》卷三："吾闻德行宽裕，守之以恭者荣；土地广大，守之以俭者安；禄位尊盛，守之以卑者贵；人众兵强，守之以畏者胜；聪明睿智，守之以愚者善；博闻强记，守之以浅者智。夫此六者，皆谦德也。”意思是：我听说，用恭敬的态度来保有宽以待人的品行，就会得到荣耀；用节俭来保有广大的土地，必定会有安定；用谦卑来保有显赫的官职，这就是高贵；用警备之心来保有人口众多、兵强马壮，就意味着胜利；用愚笨来保有聪明睿智，就是明智；用浅陋来保有渊博，也是一种聪明。这六点都是谦虚谨慎的美德。《韩诗外传》卷八：“故天道亏盈而益谦，地道变盈而流谦，鬼神害盈而福谦，人道恶盈而好谦。”意思是：因此天的本性是要使盈者亏损而补偿不满者，地的本性也是要使盈者溢出而流向不满的，人的本性也是讨厌满盈者而喜好不满者。

“谦”指对人谦虚有礼。《史记·魏公子列传》记载了魏公子谦卑待人的故事：“魏有隐士曰侯嬴，年七十，家贫，为大梁夷门监者。公子闻之，往请，欲厚遗之。不肯受，曰：‘臣修身洁行数十年，终不以监门困故而受公子财。’公子于是乃置酒大会宾客。坐定，公子从车骑，虚左，自迎夷门侯生。侯生摄敝衣冠，直上载公子上坐，不让，欲以观公子。公子执辔愈恭。侯生又谓公子曰：‘臣有客在市屠中，愿枉车骑过之。’公子引车入市，侯生下见其客朱亥，俾倪，故久立与其客语，微察公子。公子颜色愈和。当是时，魏将相宗室宾客满堂，待公子举酒。市人皆观公子执辔。从骑皆窃骂侯生。侯生视公子色终不变，乃谢客就车。至家，公子引侯生坐上坐，遍赞宾客，宾客皆惊。酒酣，公子起，为寿侯生前。”意思是：魏国有个隐士叫侯嬴，已经七十岁了，家境贫寒，是大梁城东门的看门人。公子听说了这个人，就派人去拜见，并想送给他一份厚礼。但是侯嬴不肯接受，说：“我几十年来修养品德，坚持操守，终究不能因我看门贫困的缘故而接受公子的财礼。”公子于是就大摆酒席，宴请宾客。大家来齐坐定之后，公子就带着车马以及随从人员，空出车子上的左位，亲自到东城门去迎接侯先生。侯先生整理了一下破旧的衣帽，就径自上了车子，坐在公子空出的尊贵座位，丝毫没有谦让的意思，想借此观察一下公子的态度。可是公子手握马缰绳，更加恭敬。侯先生又对公子说：“我有个朋友在街市的屠宰场，希望委屈您驾车载我去拜访他。”公子立即驾车前往街市，侯先生下车去会见他的朋友朱亥，他斜眯着眼看公子，故意久久地站在那里，同他的朋友聊天，同时暗暗地观察公子。公子的面色更加和悦。在这个时候，魏国的将军、宰相、宗室大臣以及高朋贵宾坐满堂上，正等着公子举杯开宴。街市上的人都看到公子手握缰绳替侯先生驾车。公子的随从人员都暗自责骂侯先生。侯先生看到公子面色始终不变，才告别朋友上了车。到家后，公子领着侯先生坐到上位上，并向全体宾客赞扬了侯先生，满堂宾客无不惊异。大家酒兴正浓时，公子站起来，走到侯先生面前举杯为他祝寿。

（二）女性的品性美

从秦汉至魏晋，女性都是被统治的对象，在传统文化倡导女性“三从四德”的语境下，娴静、温顺、服从最能凸显女性的美，女性也以神情温和、庄重，性情贞洁、柔和、恭敬、勤俭为美。这与西方的观点不谋而合，法国学者皮埃尔·布尔迪厄说：“人们期待她们是‘女人味儿的’，也就是说微笑的、亲切的、殷勤的、服从的、谨慎的、克制的，甚至是平凡的。”① “女”、“柔”、“静”、“淑”、“媚”、“婉”、“窈”、“贞”、“勤”即为代表字。

女

女（nǚ），甲骨文写作。《说文解字·女部》：“女，妇人也。象形。王育说。凡女之属皆从女。”本义是指在室内安静跪坐着的妇人。后指谦和、柔顺、待嫁的姑娘。《诗经·周南·关雎》：“窈窕淑女，君子好逑。”意思是：文静美好的少女，是才德兼备的人的好伴侣。《诗经·卫风·氓》：“女也不爽，士贰其行。”意思是：我作为妻子没过错，你作为丈夫却言行不一致。

① ［法］皮埃尔·布尔迪厄著，刘晖译：《男性统治》，深圳：海天出版社2002年版，第90~91页。

“女”的甲骨文形象像一个人交叠着双臂跪坐着的姿态，正是上古女人最常见的静姿，一般是右手掌握住左手掌。

柔

柔（róu），篆文写作。《说文解字·木部》：“柔，木曲直也。从木，矛声。”本义是富有弹性、适宜作矛枪长柄的木材。后来引申指人性格温顺柔和。《书·皋陶谟》：“柔而立。”意思是：柔和又能干。《礼记·乐记》：“柔而正。”《礼记·内则》：“问所欲而敬进之，柔色以温之。”《左传·昭公二十六年》：“君令臣共，父慈子孝，兄爱弟敬，夫和妻柔，姑慈妇听，礼也。”意思是：国君发令，臣下恭敬；父亲慈爱，儿子孝顺；哥哥仁爱，弟弟恭敬；丈夫和蔼，妻子温柔；婆婆慈爱，媳妇顺从，这是合于礼的。《礼记·内则》：“父母有过，下气怡色，柔声以谏。”意思是：父母有过失，要气色和悦、态度恭顺、声音轻柔地劝谏。《诗经·大雅·烝民》：“人亦有言，柔则茹之，刚则吐之。维仲山甫，柔亦不茹，刚亦不吐，不侮矜寡，不畏强御。”意思是：有句老话这样说，“柔软的东西吃下肚，刚硬的东西往外吐”。与众不同的仲山甫，柔软的东西他不吃，刚硬的东西偏下肚。鳏夫寡妇他不欺，碰着强暴狠打击。后以“不吐不茹”形容人正直不阿。班昭《女戒·第十

一 · 和柔》："处家之法，妇女须能，以和为贵。孝顺为尊。翁姑嗔责，曾如不曾。"

生理构造决定其功能，女性柔软的身体决定了其性格要以柔克刚。古人认为，美好的女子，首先要有柔和温顺的性格，懂得谦让与配合。

静

唐周昉《调琴啜茗图》

静（jìng），金文写作。《说文解字 · 青部》："静，审也。从青，争声。"后来引申为女子娴静之义。《诗经 · 邶风 · 静女》："静女其姝，俟我于城隅。"意思是：姑娘温柔又静雅，在城角等待着我。《诗经 · 卫风 · 女曰鸡鸣》："琴瑟在御，莫不静好。"意思是：女弹琴来男鼓瑟，和谐美满在一块。《管子 · 内业》："人能正静，皮肤裕宽，耳目聪明，筋信而骨强。"管子认为镇定的心态能影响到人的外貌，使之清淡美好。

"静"指性格沉稳安静，不急不躁，即使遇上大事也能"胸有惊雷而面若平湖"。所以明人张介宾在其《宜麟策》中说："大都妇人之质，贵静而贱动，贵重而贱轻，贵厚而贱薄，贵苍而贱嫩。”明确提出妇女以安静为贵，以躁动为贱。

淑

淑（shū），《说文解字 · 水部》：“淑，清湛也。”《尔雅 · 释诂》：“淑，善也。”《楚辞 · 九章 · 橘颂》：“淑离不淫，梗其有理兮。”意思是：内善外美而不放荡，多么正直而富有文理啊。王夫之通释：“淑，美也。”《诗经 · 周南 · 关雎》：“窈窕淑女，君子好逑。”意思是：贞静美好的女子，正是男子的好配偶啊。《北齐书 · 第六卷 · 补帝纪第六 · 孝昭高演》：“顺成后本魏朝宗室，文宣欲帝离之，阴为帝广求淑媛，望移其宠。”

“淑”本义是指水清澈，后来引申出女子贞洁、娴静、美好之义。这个“淑”的信息含量是多方面的，对女子的贞操，品性的内质及优雅、娴静的外貌举止都有要求。汉代的张嫣皇后就是一个秀外慧中的淑女。

媚

媚（mèi），甲骨文写作。《说文解字 · 女部》：“媚，说也。从女，眉声。”本义是指女子扬眉瞟目，取悦所钟情的男子。后引申为妩媚可爱之义。《诗经 · 大

雅·思齐》:“思媚周姜,京室之妇。”意思是:贤淑美好是太姜,王室之妇居周京。《诗经·周颂·载芟》:“思媚其妇,有依其士。”意思是:妇女温柔又娇媚,小伙子们真强壮。《诗经·大雅·下武》:“媚兹一人。”意思是:爱戴天子这一人。后来指姿态逗人爱,男女皆可。《尔雅》:“媚,美也。”《广雅》:“媚,好也。”《诗经·大雅·假乐》:“百辟卿士,媚于天子。”意思是:众位诸侯与百官,爱戴天子又忠于天子。《后汉书·张衡传》:“咸姣丽以蛊媚兮,增嫮眼而蛾眉。”李贤注:“蛊音野,谓妖丽也。”刘勰《文心雕龙·杂文》:“穷瑰奇之服馔,极蛊媚之声色。”《汉书·佞幸传序》记载:“高祖时有籍孺,以婉媚贵幸,与上同卧起。”“籍孺”是汉高祖刘邦所宠幸的宦官。唐代武则天也称“武媚娘”。

“媚”多指女人取悦长辈或男人的手段。

婉

婉(wǎn),《说文解字·女部》:“婉,顺也。”《礼记·内则》记载:“女子十年不出,姆教婉娩听从。”《左传·昭公二十六年》:“君令而不违,臣共而不贰;父慈而教,子孝而箴;兄爱而友,弟敬而顺;夫和而义，妻柔而正；姑慈而从，妇听而婉：礼之善物也。”意思是：国君发令而不违背礼，臣下恭敬而没有二心；父亲慈爱而教育儿子，儿子孝顺而规劝父亲；哥哥仁爱而友善，弟弟恭敬而顺服；丈夫和蔼而知义，妻子温柔而正直；婆婆慈爱而肯听从规劝，媳妇顺从而能委婉陈辞，这些都是礼中的好事情。女性化的男性性格柔顺也可以形容其为“婉”，如《汉书·佞幸传序》：“高祖时有籍孺，以婉媚贵幸，与上同卧起。”意思是：籍孺是高祖的同性情人，性格柔顺善媚，与皇上一起居住。

“婉”指女子顺从的美德，也指女性温和美丽。

窈

窈（yǎo），篆文写作。《说文解字·穴部》：“窈，深远也。从穴，幼声。”本义是幽深，引申指女子性情宁静。《诗经·周南·关雎》：“窈窕淑女，君子好逑。”意思是：文静美好的少女，是才德兼备的人的好伴侣。陆机《日出东南隅行》：“窈窕多容仪，婉媚巧笑言。”

《方言》中说：“美状为窕，美色为艳，美心为窈。”意思是：女子以心地宁静、性情悠远为美。

贞

贞（zhēn），甲骨文写作，本义是在神鼎上祭拜占卜，察看神迹，后指女子清白，有节操。《说文解字·卜部》：“贞，卜问也。从卜，贝以为贽。一曰鼎省声。京房所说。”《周书·谥法》：“清白守节曰贞。”形容男女有节操。班昭《女戒·第一·立身》：“凡为女子，先学立身，立身之法，惟务清贞。”意思是：作为一个女子，先要学的是立身。立身的方法，只要清贞就可以了。《史记·甲单列传》：“贞女不更二夫。”意思是：贞洁的妇女，不再嫁第二个丈夫。

古人云“万恶淫为首”，实质上针对的是女人。女人婚前、婚后都要恪守妇道，保住贞操，即使是守寡、被休之后，也要中规中矩，稍越雷池便会名节尽毁，声誉扫地。在《乐府诗集·陌上桑》中，有一位名叫秦罗敷的美丽女子在邯郸城南隅采桑，人们见了她都爱慕不已，正逢一个使君经过，问秦罗敷是否愿意跟他离去，秦罗敷断然拒绝，并将自己的丈夫夸耀了一番。她恪守妇道的故事广为流传。

勤

勤（qín），金文写作。《说文解字·力部》：“勤，劳也。从力，堇声。"《论语·微子》："四体不勤。"意思是四肢不劳动。《诗经·周颂·赉》："文王既勤止。"意思是：文王勤勉一生。《尚书·无逸》："厥父母勤劳稼穑。"意思是：他们（老百姓）的父母勤劳地耕种收割。《礼记·玉藻》："勤者，有事则收之。"意思是：勤奋的人，遇到问题能解决好。《墨子·兼爱下》："万民多有勤苦冻馁。"意思是：许多百姓因劳苦和冻饿而辗转死于沟壑之中。《左传·僖公三十二年》："勤而无所。"意思是：（秦军）辛苦却没有收获。《焦仲卿妻》："昼夜勤作息，伶俜萦苦辛。"意思是：白天黑夜勤恳地劳作，我孤孤单单地受尽辛苦折磨。

班昭《女戒·第九·营家》："营家之女，惟俭惟勤。勤则家起，懒则家倾。"意思是：经营家庭的女子，要做到节俭勤快。勤快的话家庭就会兴旺起来，懒惰的话家庭就会衰败破落。《焦仲卿妻》中的刘兰芝辛辛苦苦操持家务，与丈夫情深意笃，却因未能讨好婆婆而被休："十三能织素，十四学裁衣。十五弹箜篌，十六诵诗书。十七为君妇，心中常苦悲。君既为府吏，守节情不移。贱妾留空房，相见常日稀。鸡鸣入机织，夜夜不得息。三日断五匹，大人故嫌迟。"意思是：（我）十三岁能够织精美的白绢，十四岁学会了裁剪衣裳，十五岁会弹箜篌，十六岁能诵读诗书。十七岁做了您的妻子，心中常常感到痛苦悲伤。您做了太守府的小官吏，遵守官府的规则，专心不移。我一个人留在空房里，我们见面的日子实在少得很。鸡叫的时候我就上机织绸子，天天晚上都不得休息。三天就织成五匹绸子，婆婆还故意嫌我织得慢。体力与心力被盘剥尽的刘兰芝，最终仍无法与丈夫白头偕老，于是二人相约赴死，刘兰芝选择投湖自尽。

结　语

审美的历史就是性别美学发展成熟的历史。仪表方面，先秦的男人看重强悍胜过美丽，为了应付繁重的劳动和恶劣的天气，男人不太可能对面部护理感兴趣。而汉代之后，生活条件的改善使得男子也开始追求生活的品质，他们对内在的儒雅与外在的风度都比以往更加关注。魏晋时期，男人对外在美的关注达到极致，追逐秀美成风。对女人的审美观则由先秦的大美变迁为汉代以后的柔美，它与男性的阳刚美互补互融，共同完善性别美的内涵。

品性方面，男性中的统治阶级才能算是真正的男性，能够充分发展自己的德与能，我们姑且称之为第一性。被统治阶级的男性类似于阴柔的女性，相当于第二性。他们对统治阶级的“忠”、“顺”、“诚”、“信”、“从”与女性的“贞”、“勤”、“婉”、“媚”、“淑”高度契合、异曲同工。屈原在《离骚》中对君王的哀怨，宛如弃妇对丈夫的口吻。女性是处于性别生态圈最底层的第三性。她们的主要活动是在符合男性审美标准的情况下操练自己的化妆术、柔媚术与家务能力。虽然从先秦至魏晋时期，社会发生了剧变，但女性的品性美基本上仍由“柔”、“静”、“淑”、

“媚”、“婉”、“贞”、“勤”等字反映。从另一个角度说，不平等社会中的女性缺乏独立的人格，也难以发展、完善作为人所特有的品格。无论女性仪表多美，品德多佳，决定其命运的始终是男人。即便她们对男人百依百顺，也未必能善终。即使贵为皇后，处于一人之下万人之上，依然是皇帝运筹帷幄时手中的一枚棋子，是去是留全凭当时局势。比如，汉惠帝的妻子张嫣幽居几十年，做了一辈子的处女皇后；汉武帝刘彻最宠幸的妃子钩弋夫人，被皇帝相中，为皇帝所宠幸并生下太子，本该拥有荣华富贵，安享天年，最终因皇帝担心“子少母壮”而被杀，一生由贱到贵，最后殒命。在她们的命运中，她们的个人品德基本发挥不了作用，富贵荣辱完全看皇帝的心意。从世界范围内看，女人的命运似乎具有共通性，法国的女权主义作家西蒙·波伏娃的话一针见血地指出了不平等社会中女性的共同命运：“她对于男人来说是个性伙伴，一个生儿育女者，一个性欲对象，一个他者，通过她，男人寻找自己。”①

---

① ［法］西蒙·波伏娃著，郑克鲁译：《第二性（Ⅰ）》，上海：上海译文出版社2011年版，第82页。

参考文献

［1］陈炎主编，仪平策、廖群著：《中国审美文化史》，济南：山东画报出版社 2007 年版。

［2］朱光潜著：《西方美学史》，北京：金城出版社 2010 年版。

［3］李泽厚著：《美学三书》，天津：天津社会科学院出版社 2003 年版。

［4］徐德青著：《趣味美学》，上海：上海古籍出版社 2006 年版。

［5］徐累主编：《身体的秘境——想象的起点和终点》，北京：中国人民大学出版社 2009 年版。

［6］［德］黑格尔著，朱光潜译：《美学》，北京：商务印书馆 2006 年版。

［7］［意］翁杯托·艾柯著，彭淮栋译：《美的历史》，北京：中央编译出版社 2013 年版。

［8］［法］乔治·维加莱洛著，关虹译：《人体美丽史：文艺复兴—二十世纪》，长沙：湖南文艺出版社 2007 年版。

［9］［法］西蒙·波伏娃著，郑克鲁译：《第二性（I）》，上

海：上海译文出版社 2013 年版。

[10]（汉）许慎：《说文解字》，北京：中华书局 2013 年版。

[11] 宗福邦、陈世铙、萧海波主编：《故训汇纂》，北京：商务印书馆 2003 年版。

[12] 徐中舒主编：《汉语大字典》，武汉：湖北辞书出版社、成都：四川辞书出版社 2010 年版。

后　记

当今，世界范围内的性别美学已高度分化，各成体系，如何以汉字为“显微镜”来探究我国古人审美观的变迁，成为跨文字学、文化学与美学的一个交叉课题。然而由于我积累微薄、功力甚浅，这本小书肯定存在不少纰漏与错误，恳请方家指正。

承担该书的编著，于我而言是一场全新挑战，幸而有“汉字与文化”写作团队的鼎力支持。主编张玉金教授率先以精湛之作《汉字与玉石》“抛玉引玉”，他严谨细致的示范激发了大家的创作潜能，他精心睿智的点拨更启发了本书的思路。两年里，来自广东各高校的编委们，在张教授的激励下互帮互助，宛如战友。难以忘记，在我文思竭涸时，暨南大学出版社杜小陆、刘晶编辑的褒奖之言让我顿觉心中一暖，继续笔耕。同时，衷心感谢陈丽娟等编辑为此书付出的辛勤劳动。

深圳大学李清泉教授、李凤亮教授、姜安教授、沈金浩教授从科研方面给予了我无私的扶助，景海峰教授、王晓华教授、王立新教授从内容方面赐予本书详尽的建议。华南师范大学的郭杰教授、段吉方教授也指导良多。最后还要衷心感谢刘品权先生的精心指点。

草就此稿，恰逢甲午年的一个月全食之夜，感慨良多，诚赋无韵拙词以志之。

浪淘沙 · 秋思

极目燕晗空，云涌黛峰，彤月如丹润苍穹。笔耕文畦隐世外，春夏无踪。

泛舟辞海中，心逐秦风，痴情若炬探幽梦。审美掘善路万重，千年与共。

杨爱姣于深圳燕晗山

2014 年 10 月 8 日